매일 스스로 공부하는

맞춤법 어휘력

3단계
초등 3~4학년

꿈씨앗연구소 지음

(사)국어문화운동본부 대표 남영신 감수

BM (주)도서출판 성안당

머리말

독해력의 기본은 어휘력입니다

글을 읽고 뜻을 이해하는 능력을 '독해력'이라고 합니다. 독해력은 모든 학습에 있어 가장 중요한 능력입니다. 이러한 독해력을 키우기 위해서는 언어의 기본인 어휘력이 필요합니다. 이 책은 학년별로 알아야 할 필수 어휘들을 학습하고 활용할 수 있도록 구성되어 있어 국어 실력뿐만 아니라 모든 학습 능력 향상에 도움이 됩니다.

글쓰기의 기본은 올바른 맞춤법입니다

일기, 독후감과 같은 글쓰기뿐만 아니라 학교의 평가 방식이 주관식이나 서술형으로 바뀌면서 글쓰기가 더욱 중요해지고 있습니다. 아무리 내용을 잘 써도 맞춤법과 띄어쓰기가 엉망이라면 좋은 점수를 받기 어렵습니다. 좋은 글의 첫걸음은 올바른 맞춤법과 적절한 어휘력입니다.

스스로 하는 공부가 가장 효과적입니다

어떻게 하면 가장 효과적으로 공부할 수 있을까요? 그것은 바로 어린이들 스스로 재미있게 공부하는 것입니다. 이 교재는 교과서에서 뽑은 필수 어휘들과 자주 헷갈리는 맞춤법, 띄어쓰기, 국어 문법, 배경 지식 등을 쉽고 재미있게 학습하도록 구성되어 있습니다.

학년별로 교과 과정과 발달 수준에 맞게 각 단계가 구성되어 있지만, 아이의 수준에 맞는 단계부터 차근차근 학습하길 바랍니다.

 아이들은 자신만의 꿈씨앗을 품고 있습니다. 꿈을 향한 열정과 노력이 더해진다면 마침내 꿈씨앗은 싹이 나고 무럭무럭 자라 미래의 주역으로 성장할 것입니다. 꿈씨앗연구소는 아이들이 자신의 꿈을 이룰 수 있도록 돕는 훌륭한 조력자가 되겠습니다.

책은 많이 읽는 것보다 제대로 읽어야 합니다

대다수 아이들이 초등학교 입학 전부터 책도 많이 읽고 한글 교육도 받습니다. 하지만 이러한 높은 교육열과 상관없이 글을 읽고 이해하는 데 어려움을 겪는 아이들이 점점 늘어나고 있습니다. 글을 읽을 수 있다고해서 그 내용까지 완벽하게 이해하는 것은 아닙니다. 하루에 책 10권을 읽더라도 제대로 읽지 않으면 아무 소용이 없습니다. 제대로 읽는다는 것은 글을 글자로만 읽고 넘어가는 것이 아니라 머리로 이해하며 읽는 것을 의미합니다. 이렇게 글을 제대로 이해하는 읽기 능력은 바로 어휘력에 따라 결정됩니다. 어휘력은 단기간에 높일 수 있는 능력이 아니므로 매일 꾸준히 익히고 활용해야 합니다. 이 책을 통해 어린이들이 어휘를 재미있게 배우기를 기대합니다.

영선초등학교 교사 이현승

독해력이 학습 능력을 좌우합니다

초등학교 때까지 국어 성적이 좋았던 학생도 중학교에서 성적이 떨어지는 경우가 많습니다. 중학교 국어는 어휘의 수준도 높아지고, 내용도 어려워지므로 독해력이 부족한 학생의 경우 많이 힘들어합니다. 독해력은 학업 성취도의 기본이자 핵심입니다. 읽어도 무슨 뜻인지 모른다면 공부하기 싫어지고 결국 학습 능력도 떨어지게 됩니다. 어휘력은 글을 이해하는 가장 중요한 요인입니다. 어휘를 얼마나 많이 알고 있느냐에 따라 지식이 확장되고 독해력도 향상됩니다. 하지만 독해력과 어휘력은 단시간에 키울 수 없으므로 초등학교 6년 동안 차근차근 실력을 쌓아야 합니다. 이렇게 쌓인 국어 실력은 평생 영향을 미칩니다. 이 책이 어린이들의 국어 실력을 키우는 훌륭한 조력자가 되길 바랍니다.

갈산중학교 국어 교사 김혜정

어려운 낱말부터 배경 지식까지 일석이조

교과 과정에 나오는 기본 낱말부터 다양한 배경 지식까지 배울 수 있도록 구성되어 있습니다.

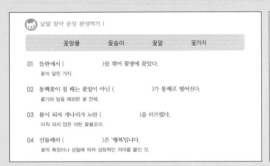

낱말 찾아 문장 완성하기 1

꽃망울	꽃송이	꽃말	꽃가지

01 들판에서 (　　　　)를 꺾어 꽃병에 꽂았다.
　　꽃이 달린 가지.

02 동백꽃이 질 때는 꽃잎이 아닌 (　　　　)가 통째로 떨어진다.
　　줄기와 잎을 제외한 꽃 전체.

03 봄이 되자 개나리가 노란 (　　　　)을 터뜨렸다.
　　아직 피지 않은 어린 꽃봉오리.

04 민들레의 (　　　　)은 '행복'입니다.
　　꽃의 특징이나 성질에 따라 상징적인 의미를 붙인 것.

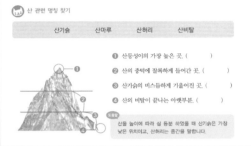

산 관련 명칭 찾기

산기슭	산마루	산허리	산비탈

❶ 산등성이의 가장 높은 곳. (　　　)
❷ 산의 중턱에 잘록하게 들어간 곳. (　　　)
❸ 산기슭의 비스듬하게 기울어진 곳. (　　　)
❹ 산의 비탈이 끝나는 아랫부분. (　　　)

산을 높이에 따라 십 등분 하였을 때 산기슭은 가장 낮은 위치이고, 산허리는 중간을 말합니다.

다양한 어휘를 재미있게 공부하기

비슷한 말끼리 선 긋기 2

❶ 연안 ·　　　　· ㉠ 해안
❷ 생업 ·　　　　· ㉡ 참견
❸ 언저리 ·　　　　· ㉢ 작업
❹ 간섭 ·　　　　· ㉣ 주변

밑줄 친 낱말을 비슷한 말로 바꾸기

01 봄이라 그런지 5월에 결혼하는 사람들이 많다.　[ㅎ ㅇ]

02 컴퓨터가 고장 나서 수선을 맡겼다.　[ㅅ ㄹ]

03 지역 고유의 사투리가 점점 사라지고 있다.　[ㅂ ㅇ]

04 방학 숙제로 우리 동네 식물 채집을 선택했다.　[ㅅ ㅈ]

반대말끼리 선 긋기 2

❶ 미남 ·　　　　· ㉠ 과식
❷ 소식 ·　　　　· ㉡ 추남
❸ 결점 ·　　　　· ㉢ 저가
❹ 고가 ·　　　　· ㉣ 장점

밑줄 친 낱말을 반대말로 바꾸기

01 오늘 좋아하는 배우가 주연인 드라마가 시작한다.　[ㅈ ㅇ]

02 나의 죽음을 적군에게 알리지 마라.　[ㅇ ㄱ]

03 편지에 발신인의 이름과 주소가 없었다.　[ㅅ ㅅ ㅇ]

04 그 시설은 내국인만 사용할 수 있다.　[ㅇ ㄱ ㅇ]

05 방화문은 불이 나면 자동으로 닫힌다.　[ㅅ ㄷ]

비슷한 말과 반대말을 통해 어휘력을 확장할 수 있습니다. 또한 문맥과 상황에 맞게 어휘를 사용하는 방법을 배울 수 있습니다.

헷갈리는 맞춤법 완벽하게 이해하기

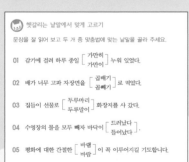

헷갈리는 낱말에서 맞게 고르기

문장을 잘 읽어 보고 두 개 중 맞춤법에 맞는 낱말을 골라 주세요.

01 감기에 걸려 하루 종일 [가만히 / 가만이] 누워 있었다.

02 배가 너무 고파 자장면을 [곱빼기 / 곱배기]로 먹었다.

03 집들이 선물로 [두루마리 / 두루말이] 화장지를 사 갔다.

04 수영장의 물을 모두 빼자 바닥이 [드러났다 / 들어났다].

05 평화에 대한 간절한 [바램 / 바람]이 꼭 이루어지길 기도합니다.

틀린 낱말을 맞춤법에 맞게 고치기

아래 문장에서 밑줄 친 낱말을 맞춤법에 맞게 고쳐 주세요.

01 날도 추운데 어디를 갈려고 하니?　(　　　　)

02 다리의 상처가 며칠 만에 깔축같이 사라졌다.　(　　　　)

03 너무 급해 옷을 꺼꾸로 입었다.　(　　　　)

04 우리는 꼭 다시 만나게 될 쩌야.　(　　　　)

05 저녁 식사 시간이 거이 다 됐다.　(　　　　)

헷갈리고 틀리기 쉬운 맞춤법을 보다 체계적으로 익힐 수 있게 구성되어 있습니다.

쉽게 배우는 띄어쓰기 원칙들

기본적인 띄어쓰기 원칙부터 많이 틀리는 띄어쓰기 사례들까지 체계적으로 배울 수 있습니다.
또한 초등 3~4학년이 꼭 알아야 할 원고지 작성법도 익힐 수 있습니다.

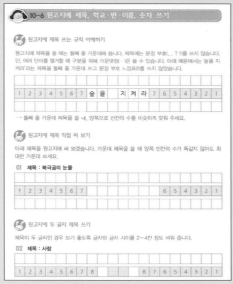

 ## 바른 글씨로 속담 배우기

아무리 훌륭한 글이라도 다른 사람이 읽을 수 없다면 아무런 소용이 없습니다. 이 책은 어린이
스스로 글씨의 문제점을 찾고, 누구나 알아볼 수 있는 바른 글씨 쓰는 방법을 알려 줍니다.
속담들을 따라 쓰면서 바른 글씨뿐만 아니라 속담 풀이와 활용 방법도 익힐 수 있습니다.

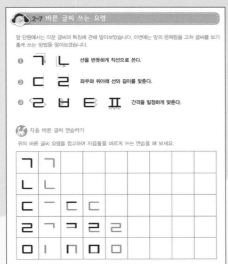

목 차

별책 | 정답 및 해설

매스공으로 실력 키우는 방법

맞춤법 어휘력

이 책은 어린이 스스로 재미있게 공부하도록 구성되어 있습니다. 다음 소개되는 방법을 참고한다면 누구나 어휘 왕이 될 수 있습니다.

 ### 틀린 답을 완전한 내 것으로 만들기

이 책은 정답을 맞히기 위한 교재가 아니라 내가 무엇을 알고, 모르는지를 확인할 수 있는 교재입니다. 틀린 답은 자신이 몰랐던 것을 알려 주는 고마운 존재이므로 잘 모르거나 틀린 문제로 예문을 만들어 완전히 이해하고 넘어갑니다.

 ### 나만의 어휘 사전 만들기

책이나 글을 읽다가 모르는 낱말이 나오면 사전에서 의미를 찾습니다. 낱말로 만든 예문도 읽고, 비슷한 말과 반대말까지 읽는다면 보다 풍부하게 어휘를 확장하여 배울 수 있습니다.

 ### 배운 낱말과 표현은 꼭 사용해 보기

새로 알게 된 낱말이나 좋은 표현은 일기나 독서록 등과 같은 글을 쓸 때 꼭 써봅니다. 아무리 어려운 어휘라도 몇 번 쓰다 보면 자연스럽게 쓸 수 있게 됩니다.

맞춤법 • 어휘력 국어 실력 1단원

 1-1 알면 쓸모 있는 낱말 익히기

낱말 찾아 문장 완성하기 1

꽃망울	꽃송이	꽃말	꽃가지

01 들판에서 (　　　　　)를 꺾어 꽃병에 꽂았다.

　　꽃이 달린 가지.

02 동백꽃이 질 때는 꽃잎이 아닌 (　　　　　)가 통째로 떨어진다.

　　줄기와 잎을 제외한 꽃 전체.

03 봄이 되자 개나리가 노란 (　　　　　)을 터뜨렸다.

　　아직 피지 않은 어린 꽃봉오리.

04 민들레의 (　　　　　)은 '행복'입니다.

　　꽃의 특징이나 성질에 따라 상징적인 의미를 붙인 것.

낱말 초성 퀴즈 1

01 작고 동그랗고 단단한 물질, 열매나 곡식의 낱알.

알	ㄱ	ㅇ

02 풀이나 나무 등을 엮어 담 대신 경계를 지어 막는 것.

ㅇ	ㅌ	ㄹ

03 곡식을 찧거나 가루로 빻아 주는 곳으로, 떡을 만들기도 함.

ㅂ	ㅇ	ㄱ

04 산에서 땔나무를 구해 파는 것을 직업으로 하는 사람.

ㄴ	ㅁ	ㄲ

낱말 찾아 문장 완성하기 2

정경	풍경	배경	광경

01 추수를 앞둔 시골의 (　　　　　　　)은 한 폭의 수채화 같았다.

　산이나 들, 강, 바다 따위의 자연이나 지역의 모습.

02 텅 빈 거리의 고독한 (　　　　　　　)을 바라보니 마음이 울적해졌다.

　어떤 감정을 불러일으키는 흥취와 경치.

03 이 영화는 전쟁터의 참혹한 (　　　　　　　)을 잘 표현하고 있다.

　어떤 일이나 현상이 벌어지는 장면 또는 모양.

04 아름다운 꽃을 (　　　　　　)으로 사진을 찍었다.

　뒤쪽의 경치를 의미함.

낱말 초성 퀴즈 2

01 말로 옳고 그름을 가리는 싸움(다툼).

ㅁ	ㄷ	ㅌ

02 다른 사람이 자신에게 나쁘게 한 것을 그대로 보복하는 것.

앙	ㄱ	ㅇ

03 사물이나 공간, 도형 등이 각이 져 튀어나온 부분.

귀	ㅌ	ㅇ

04 바늘, 실과 같은 바느질 도구들을 담아 보관하는 그릇.

반	ㅈ	ㄱ	ㄹ

05 큰 필요 없는 여러 가지 물건들이 한데 뒤섞여 있는 것.

잡	ㄷ	ㅅ	ㄴ

06 행동과 생활에 따르면 좋은 방법이나 방향을 제시하는 가르침.

교	ㅎ

1-2 어휘력 키우는 비슷한 말과 반대말

비슷한 말끼리 선 긋기 1

❶ 희생 ·
❷ 임자 ·
❸ 관직 ·
❹ 추측 ·

· ㉠ 벼슬
· ㉡ 짐작
· ㉢ 주인
· ㉣ 헌신

비슷한 말끼리 선 긋기 2

❶ 연안 ·
❷ 생업 ·
❸ 언저리 ·
❹ 간섭 ·

· ㉠ 해안
· ㉡ 참견
· ㉢ 직업
· ㉣ 주변

밑줄 친 낱말을 비슷한 말로 바꾸기

01 봄이라 그런지 5월에 <u>결혼</u>하는 사람들이 많다.

ㅎ	ㅇ

02 컴퓨터가 고장 나서 <u>수선</u>을 맡겼다.

ㅅ	ㄹ

03 지역 고유의 <u>사투리</u>가 점점 사라지고 있다.

ㅂ	ㅇ

04 방학 숙제로 우리 동네 식물 <u>채집</u>을 선택했다.

ㅅ	ㅈ

반대말끼리 선 긋기 1

❶ 강점 ·   ·㉠ 약점

❷ 감점 ·   ·㉡ 증가

❸ 감소 ·   ·㉢ 가산점

❹ 강풍 ·   ·㉣ 미풍

반대말끼리 선 긋기 2

❶ 미남 ·   ·㉠ 과식

❷ 소식 ·   ·㉡ 추남

❸ 결점 ·   ·㉢ 저가

❹ 고가 ·   ·㉣ 장점

밑줄 친 낱말을 반대말로 바꾸기

01 오늘 좋아하는 배우가 <u>주연</u>인 드라마가 시작한다.

ㅈ	ㅇ

02 나의 죽음을 <u>적군</u>에게 알리지 마라.

ㅇ	ㄱ

03 편지에 <u>발신인</u>의 이름과 주소가 없다.

ㅅ	ㅅ	ㅇ

04 그 시설은 <u>내국인</u>만 사용할 수 있다.

ㅇ	ㄱ	ㅇ

05 방화문은 불이 나면 <u>자동</u>으로 닫힌다.

ㅅ	ㄷ

1-3 표현력 키우는 다양한 낱말 모음

 낱말 찾아 문장 완성하기 1

우스꽝스러운	태연한	퉁명스럽게	마지못해

01 거짓말이 들통났는데도 그는 (　　　　　　　) 얼굴로 앉아 있었다.
　　머뭇거리거나 두려워해야 할 상황에서 태도나 얼굴빛이 아무렇지도 않다.

02 친구가 너무나 간곡하게 부탁하여 (　　　　　　　) 들어주었다.
　　마음이 내키지는 않지만 어쩔 수 없이.

03 삐친 동생이 아빠에게 (　　　　　　　) 말했다.
　　마음에 들지 않아 말이나 태도가 무뚝뚝하다.

04 사람들은 광대의 (　　　　　　　) 몸짓을 구경하고 있었다.
　　말이나 행동, 모습 등이 보통과 달라 우습다.

 낱말 찾아 문장 완성하기 2

대범하게	공손하게	엄숙하게	나약하게

01 항상 어른을 보면 (　　　　　　　) 인사해야 한다.
　　말이나 행동이 겸손하고 예의 바르다.

02 추모제는 많은 사람이 참여한 가운데 (　　　　　　　) 치러졌다.
　　분위기나 의식 따위가 장엄하고 정숙하다.

03 부모의 지나친 사랑이 오히려 아이를 (　　　　　　　) 만든다.
　　의지가 굳세지 못하거나 몸이 약하다.

04 그 애는 10살 아이답지 않게 (　　　　　　　) 행동했다.
　　성격이나 태도가 사소한 것에 얽매이지 않으며 너그럽다.

낱말 찾아 문장 완성하기 3

허름한	웅장한	즐비하게	앙상하게

01 할아버지는 요즘 식사를 잘 못 하셔서 (　　　　　　) 마르셨다.
　　　살이 빠져 뼈만 남을 만큼 바짝 마른 듯하다.

02 마트에는 온갖 종류의 상품들이 (　　　　　　) 진열되어 있다.
　　　빽빽하게 줄지어 늘어서 있다.

03 왕들이 살았던 궁궐은 지금도 (　　　　　　) 모습을 자랑하고 있다.
　　　규모 따위가 거대하고 성대하다.

04 간판도 없는 낡고 (　　　　　　) 식당이지만 유명한 맛집이다.
　　　낡은 듯하거나 값이 좀 싼 듯하다.

 낱말 찾아 문장 완성하기 4

탐스럽게	푸짐하게	메마른	싱싱한

01 오늘은 할아버지 생신이라 저녁 밥상이 (　　　　　　) 차려졌다.
　　　마음이 흐뭇하도록 넉넉하다.

02 할머니 댁 감나무에 빨간색 감들이 (　　　　　　) 열렸다.
　　　마음이 몹시 끌리도록 보기에 좋다.

03 수산 시장에 가면 갓 잡은 (　　　　　　) 생선을 살 수 있다.
　　　시들거나 상하지 않고 생기가 있다.

04 선인장은 (　　　　　　) 사막에서도 잘 자란다.
　　　땅이 물기나 양분이 없어 기름지지 않다.

1-4 헷갈리는 맞춤법 완전 정복

틀린 낱말을 맞춤법에 맞게 고치기

아래 문장에서 밑줄 친 낱말을 맞춤법에 맞게 고쳐 주세요.

01 날도 추운데 어디를 <u>갈려고</u> 하니?　　　(　　　　　)

02 다리의 상처가 며칠 만에 <u>깜족같이</u> 사라졌다.　(　　　　　)

03 너무 급해 옷을 <u>꺼꾸로</u> 입었다.　　　　　(　　　　　)

04 우리는 꼭 다시 만나게 될 <u>꺼야</u>.　　　　　(　　　　　)

05 저녁 식사 시간이 <u>거이</u> 다 됐다.　　　　　(　　　　　)

헷갈리는 낱말에서 맞게 고르기

문장을 잘 읽어 보고 두 개 중 맞춤법에 맞는 낱말을 골라 주세요.

01 감기에 걸려 하루 종일 ⎡ 가만히 ⎤ 누워 있었다.
　　　　　　　　　　　　⎣ 가만이 ⎦

02 배가 너무 고파 자장면을 ⎡ 곱배기 ⎤ 로 먹었다.
　　　　　　　　　　　　　⎣ 곱빼기 ⎦

03 집들이 선물로 ⎡ 두루마리 ⎤ 화장지를 사 갔다.
　　　　　　　　⎣ 두루말이 ⎦

04 수영장의 물을 모두 빼자 바닥이 ⎡ 드러났다 ⎤ .
　　　　　　　　　　　　　　　　⎣ 들어났다 ⎦

05 평화에 대한 간절한 ⎡ 바램 ⎤ 이 꼭 이루어지길 기도합니다.
　　　　　　　　　　⎣ 바람 ⎦

1-5 비슷해 보이지만 서로 다른 낱말

 껍질과 껍데기

> **껍질 :** 물체의 겉을 싸고 있는 단단하지 않은 물질.
>
> **껍데기 :** ① 달걀이나 조개 따위의 겉을 싸고 있는 단단한 물질.
>
> ② 알맹이를 빼내고 겉에 남은 물건.

실전 예문

01 귤 _____

02 굴 _____

03 호박 _____

04  소라 _____

05 베개 _____

 너머와 넘어

> **너머 :** 높이나 경계로 가로막은 사물의 저쪽 또는 그 공간.
>
> **넘어 :** [기본형은 넘다] 일정한 시간, 시기, 범위 등에서 벗어나 지나다.

실전 예문

01 11시가 훨씬 (너머 / 넘어) 잠이 들었다.

02 지평선 (너머 / 넘어) 해가 지고 있다.

1-6 띄어쓰기 기본 원칙 익히기 1

 띄어쓰기는 왜 꼭 해야 할까?

왜 띄어쓰기를 해야 할까요? 말이 아닌 글로 어떤 정보나 의견을 전달할 때는 띄어쓰기를 해야 의미를 정확하게 알 수 있어요. 다음 예제를 통해 띄어쓰기의 중요성을 직접 느껴 보세요.

다음은 무슨 말일까요?

01

> 장대들고통나무외다리건너기

띄어쓰기를 하지 않으면 무슨 뜻인지 알 수 없어요.

02

> 장대들∨고통나무외∨다리∨건너기

띄어쓰기에 따라 의미가 완전히 달라져요.

03

> 장대∨들고∨통나무∨외다리∨건너기

띄어쓰기를 정확하게 해야 의미가 제대로 전달됩니다.

위 예제는 어떤 사람이 장대를 든 상태로 통나무로 된 외다리를 건너는 장면을 설명한 것입니다. 1번과 2번처럼 띄어쓰기를 하지 않거나 잘못하면 무슨 말인지 정확히 알 수 없어요. 3번처럼 띄어쓰기를 정확하게 해야 의미가 잘 전달됩니다. 아래 내용처럼 띄어쓰기에 따라 고양이가 들어간 곳이 가방인지, 방인지가 결정됩니다.

> 고양이∨가방에∨들어갔다.

> 고양이가∨방에∨들어갔다.

 **VS**

모든 낱말은 띄어 쓴다

낱말은 학교, 가방, 신발 등과 같이 뜻을 가지고 혼자 쓰일 수 있는 가장 작은 말의 단위입니다. 다른 말로 '단어'라고도 합니다. 이러한 낱말들이 모여 하나의 문장이 완성됩니다.

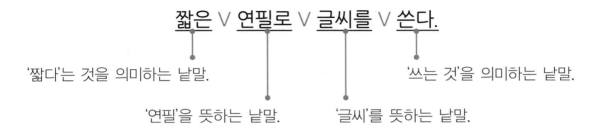

 조사는 앞의 낱말에 붙여 쓴다

사람이나 사물의 이름을 나타내는 낱말(명사) 뒤에 붙는 '은/는, 이/가, 을/를, 으로, 부터' 등과 같이 낱말에 붙어 의미를 정확하게 해 주는 것을 '조사'라고 합니다. 조사는 앞의 낱말과 한 덩어리로 생각해 붙여 씁니다.

> 짧은 ∨ 연필로 ∨ 글씨를 ∨ 쓴다

위의 문장에서 '은, 로, 를' 모두 조사입니다.

띄어쓰기 기초 연습

다음 문장에서 조사를 찾아 동그라미하고, 띄어 써야 하는 곳을 ∨로 표시하세요.

01

> 숲속에버려진빈병을보았습니다.

02

> 도깨비가쇠똥이랑거름을밭으로날랐다.

03

> 간장에숯을함께넣습니다.

여러 개의 조사도 모두 붙여 쓴다

앞에서 배운 것처럼 홀로 써도 말이 되는 낱말들은 모두 띄어 쓰고, 조사처럼 다른 낱말이 필요하면 붙여 쓰는 것이 띄어쓰기의 기본 원칙입니다. 두 개 이상의 조사가 겹쳐 사용되어도 앞말과 붙여 씁니다. 다음 예문에서 밑줄 친 부분은 모두 조사입니다.

문제는 여기서<u>부터입니다.</u> ⟶ 부터(조사)+입니다(조사)

학교<u>에서만이라도</u> 얌전해라. ⟶ 에서만(조사)+이라도(조사)

집<u>에서처럼</u> 누워 있지 마라. ⟶ 에서(조사)+처럼(조사)

띄어쓰기 실전 연습

다음 문장들을 띄어쓰기에 맞게 다시 쓰세요.

01 집에들어서자마자화장실로뛰어갑니다.

02 숙제검사가앞에서부터시작되었다.

03 그선수는나가면서까지도고함을질렀다.

04 인솔자의책임은어디까지입니까?

1-7 바른 글씨를 위한 첫걸음

 나의 글씨에서 문제점 찾아내기

다음의 미운 글씨들은 몇 가지 공통점이 있습니다. 무슨 공통점일지 여러분도 잠시 생각해 보세요.
문제점을 알고, 그 문제를 해결하면 글씨체가 좋아집니다.

ㄱㄱㄱㄱ	ㄷㄹㄴㄴ
ㄷㄷㄷㄷ	ㄹㄹㄹㄹ

 자음 쓰기에서 문제점 짚어 보기

01 선들이 반듯하지 않아요

ㄱㄴㄷㄹ

글씨가 밉게 보이는 가장 큰 이유는 바로 선이 반듯하지 않기 때문입니다. 'ㅇ, ㅎ' 제외한 자음을 쓸 때 최대한 직선으로 반듯하게 써 주세요.

02 선의 길이가 맞지 않아요

ㄴㄷㄹㅂ

선의 길이가 일치하지 않아도 미워 보입니다.
글자를 쓸 때 위아래와 좌우의 길이를 맞춰야 보기 좋은 글씨가 됩니다.

03 간격이 일정하지 않아요

ㄹㅂㅌㅍ

옆의 글씨처럼 'ㄹ, ㅂ, ㅌ, ㅍ'의 좌우와 위아래 간격이 다르면 보기 좋지 않습니다. 간격을 맞추면 균형 잡힌 글씨로 보입니다.

맞춤법 · 어휘력 국어 실력 2단원

 2-1 알면 쓸모 있는 낱말 익히기

 낱말 찾아 문장 완성하기

| 표정 | 몸짓 | 말투 | 눈짓 |

01 선생님의 질문에 현서는 공손한 (　　　　　　)로 대답했다.
　　말을 하는 버릇이나 형식.

02 지민이는 늘 웃는 (　　　　　　)으로 사람들에게 인사한다.
　　마음속에 품은 감정이나 생각 등이 얼굴에 드러남.

03 친구와 밖으로 나가자는 (　　　　　　)을 서로 주고받았다.
　　눈을 움직여 상대에게 무엇을 알리거나 지시하는 것.

04 발레리나는 음악을 우아한 (　　　　　　)으로 표현한다.
　　몸을 움직이는 모양.

 낱말 초성 퀴즈 1

01 목의 뒤쪽 부분.　　　　　　　　　　　　| ㅁ | ㄷ | 미 |

02 과일이나 채소의 즙을 내거나 잘게 가는 데 쓰는 부엌 도구.　| 강 | ㅍ |

03 아주 잘 그려 많은 사람에게 유명한 그림.　　　　| ㅁ | ㅎ |

04 도로나 철로 위를 건너갈 수 있도록 만든 다리.　　| ㅇ | ㄱ |

🐰 그림 종류 찾기

수채화	유화	판화	수묵화

01 물감을 물에 풀어 그린 그림. ( )

02 나무, 금속, 돌로 된 판에 그림을 새기고
색을 칠한 후 종이(천)를 대고 찍어 낸 그림. ( )

03 먹으로 짙고 엷음을 이용하여 그린 그림. ( )

04 물감을 기름에 개어 그린 그림. ( )

🐰 바람 이름 찾기

높새바람	하늬바람	산들바람	마파람

01 '하늬'는 서쪽을 의미하며, 맑은 날
서쪽에서 부는 서늘하고 건조한 바람. ( )

02 '높바람'과 '샛바람'을 합쳐 부르는 북동풍 바람. ( )

03 나뭇잎과 깃발이 가볍게 흔들리는 정도의 시원한 바람. ( )

04 '마'는 남쪽을 의미하며, 남쪽에서 불어오는 바람. ( )

🐰 낱말 초성 퀴즈 2

01 아주 옛날에 살았던 생물의 뼈와 활동 흔적 등이 땅속에 묻혀
굳어져 지금까지 남아 있는 것.

ㅎ	ㅅ

02 남의 잘못이나 비밀을 다른 사람에게 일러바치는 것.

ㄱ	ㅈ	ㅈ

2-2 어휘력 키우는 비슷한 말과 반대말

 비슷한 말끼리 선 긋기 1

❶ 실컷 ·

· ㉠ 이제껏

❷ 여태 ·

· ㉡ 직접

❸ 손수 ·

· ㉢ 별말

❹ 별소리 ·

· ㉣ 마냥

 비슷한 말끼리 선 긋기 2

❶ 마침내 ·

· ㉠ 훼방

❷ 말귀 ·

· ㉡ 걱정

❸ 방해 ·

· ㉢ 드디어

❹ 한시름 ·

· ㉣ 말뜻

 밑줄 친 낱말을 비슷한 말로 바꾸기

01 유빈이는 책에서 한시도 <u>눈길</u>을 떼지 않고 집중했다.

ㅅ	ㅅ

02 <u>일생</u>에 한 번 있을까 말까 하는 기회를 놓쳤다.

ㅍ	ㅅ

03 이것은 누가 봐도 <u>억지</u>가 너무 심하다.

ㅅ	ㄸ

04 모두 내가 알아서 할 테니 <u>염려</u>하지 마라.

ㄱ	ㅈ

반대말끼리 선 긋기 1

❶ 아랫사람 •

❷ 원주민 •

❸ 은인 •

❹ 자손 •

• ㉠ 원수

• ㉡ 윗사람

• ㉢ 이주민

• ㉣ 조상

반대말끼리 선 긋기 2

❶ 건설하다 •

❷ 검소하다 •

❸ 겸허하다 •

❹ 단축하다 •

• ㉠ 연장하다

• ㉡ 파괴하다

• ㉢ 자만하다

• ㉣ 사치하다

밑줄 친 낱말을 반대말로 바꾸기

01 항상 어른에게는 <u>높임말</u>을 해야 한다.

ㅇ	ㅅ	ㅁ

02 지금껏 열린 축제 중 <u>최대</u> 규모이다.

ㅊ	ㅅ

03 숙제를 보여 달라는 친구의 부탁을 <u>거절</u>했다.

ㅅ	ㄴ

04 나에게는 두 살 터울이 지는 <u>형</u>이 있다.

ㅇ	ㅇ

05 새벽에 해가 뜨면 <u>수탉</u>이 가장 먼저 울기 시작한다.

ㅇ	ㅌ

2-3 표현력 키우는 다양한 낱말 모음

 낱말 찾아 문장 완성하기 1

온순해	경쾌하게	우렁찬	늠름해

01 대상 수상자가 상을 타자 (　　　　　　　) 박수 소리가 울려 퍼졌다.
　　소리의 울림이 매우 크고 힘차다.

02 산책하면서 듣는 새소리가 (　　　　　　) 들린다.
　　움직임이나 모습, 기분 등이 가볍고 즐겁다.

03 행진을 하는 군인들의 모습이 (　　　　　) 보였다.
　　생김새나 태도가 씩씩하고 당당하다.

04 우리 집 개는 (　　　　　　) 낯선 사람을 봐도 짖지 않는다.
　　성질이나 마음씨가 부드럽고 순하다.

 낱말 찾아 문장 완성하기 2

다양한	유익한	반듯하게	적당한

01 지역 축제에 가면 (　　　　　) 볼거리를 경험할 수 있다.
　　모양, 빛깔, 형태, 양식 따위가 많다.

02 쓰레기를 재활용하는 것은 환경에 매우 (　　　　　) 일이다.
　　이롭거나 도움이 될 만하다.

03 내 방에는 큰 책장을 놓을 만한 (　　　　　) 공간이 없다.
　　기준, 조건, 정도에 알맞다.

04 새 수납장에 물건들을 차곡차곡 (　　　　　) 정리하였다.
　　비뚤어지거나 흐트러지지 않고 바르다.

낱말 찾아 문장 완성하기 3

널찍했다	넓적하게	굵직한	짤막하게

01 여기저기 있는 (   ) 기둥은 몸을 숨기기에 좋았다.
긴 물체의 둘레가 꽤 길거나 너비가 꽤 넓다.

02 밀가루 반죽을 (   ) 펴서 만두피를 만들었다.
편편하고 얇으면서 제법 넓다.

03 새로 이사한 집은 정원을 만들 수 있을 만큼 (   ).
꽤 넓다.

04 시간이 별로 남지 않았으니 (   ) 말하겠습니다.
조금 짧은 듯하다.

 낱말 찾아 문장 완성하기 4

까슬까슬한	물컹한	무르면	짓물렀다

01 단단한 감이 익으면 (   ) 홍시가 됩니다.
뭉그러질 정도로 물렁하다.

02 아버지 얼굴에는 (   ) 수염이 많아요.
피부나 물건의 겉면이 매끄럽지 않고 거칠다.

03 새 신발을 신고 오래 걸었더니 뒤꿈치가 (   ).
살갗이 심하게 헐어 문드러지다.

04 반죽이 너무 (   ) 밀가루를 좀 더 추가하세요.
물기가 많아 단단하지 않다.

2-4 헷갈리는 맞춤법 완전 정복

 틀린 낱말을 맞춤법에 맞게 고치기

아래 문장에서 밑줄 친 낱말을 맞춤법에 맞게 고쳐 주세요.

01 겨울이 오면 철새들은 북쪽으로 <u>날라간다</u>.　　　(　　　　　　　)

02 <u>길다란</u> 막대기로 소파 밑에 들어간 동전을 꺼냈다.　（　　　　　　　）

03 노릇하게 구운 생선을 <u>납짝한</u> 그릇에 담았다.　　　(　　　　　　　)

04 하마터면 <u>낭떨어지</u> 아래로 떨어질 뻔했다.　　　　(　　　　　　　)

05 수영하다 힘이 들어 <u>넙적한</u> 바위에서 잠시 쉬었다.　(　　　　　　　)

 헷갈리는 낱말에서 맞게 고르기

문장을 잘 읽어 보고 두 개 중 맞춤법에 맞는 낱말을 골라 주세요.

01 아이는 〔 베개 / 배개 〕도 베지 않은 채 자고 있었다.

02 삼겹살은 〔 비계 / 비게 〕가 많아 기름지고 고소한 맛이 난다.

03 선생님에게 혼나고 나서야 〔 비로소 / 비로서 〕 잘못을 뉘우쳤다.

04 오늘 〔 세째 / 셋째 〕 시간이 음악 수업인데 리코더를 가져오지 않았다.

05 실내 금연은 〔 반드시 / 반듯이 〕 지켜야 하는 규칙이다.

2-5 비슷해 보이지만 서로 다른 낱말

 다르다와 틀리다

> **다르다** : 비교가 되는 두 대상이 서로 같지 않다.
>
> **틀리다** : 셈이나 사실이 잘못되거나 어긋나다.

실전 예문

01 남녀는 신체 발달이 서로 (다르다 / 틀리다).

02 수학 시험에서 답을 세 개 (달랐다 / 틀렸다).

03 나와 동생은 얼굴이 너무 (다르다 / 틀리다).

04 받아쓰기할 때 맞춤법을 많이 (달랐다 / 틀렸다).

 드러나다와 들어내다

> **드러나다** : ① 가려 있거나 보이지 않던 것이 보이게 되다.
> ② 알려지지 않은 사실이 널리 밝혀지다.
>
> **들어내다** : 물건을 들어 밖으로 옮기다.

실전 예문

01 썰물이 되면 갯벌이 모습을 (드러낸다 / 들어낸다).

02 연희는 하얀 이를 (드러내며 / 들어내며) 웃었다.

03 큰아버지가 신장을 (드러내는 / 들어내는) 수술을 받으셨다.

04 누구든 죄가 (드러나면 / 들어내면) 벌을 받아야 한다.

2-6 띄어쓰기 기본 원칙 익히기 2

단위를 나타내는 낱말도 띄어 쓴다

신발 두 켤레, 물 한 통 등과 같이 단위를 나타내는 말은 앞말과 띄어 씁니다.

띄어쓰기 기초 연습

아래 예제에서 띄어 쓸 곳에 V 표시를 합니다.

예	연필V두V자루	01	옷한벌
02	소한마리	03	학생열명
04	과자두봉지	05	사탕두개

띄어쓰기 실전 연습

다음 문장들을 띄어쓰기에 맞게 다시 쓰세요.

01 풀한포기,나무한그루소중히여기자.

02 혼자서돼지고기한근을구워먹었다.

03 운동장을다섯바퀴나돌고물한모금도먹지못했다.

두 말을 이어 주거나 열거하는 말은 띄어 쓴다

낱말과 낱말을 이어 주거나 여러 개를 열거할 때 앞말과 띄어 씁니다. 예를 들어, '겸, 대, 또는, 등, 및' 등이 있습니다. 문장 부호의 경우 일반 글과 원고지에서의 띄어쓰기가 조금 다릅니다. 일반 글에서는 마침표(.)와 쉼표(,) 다음에 띄어 쓰지만, 원고지에서는 마침표와 쉼표 다음에 빈칸 없이 바로 씁니다. 느낌표(!)나 물음표(?)는 원고지에서도 다음 칸을 빈칸으로 비웁니다.

띄어쓰기 기초 연습

아래 예제에서 띄어 쓸 곳에 ∨ 표시를 합니다.

예	청군∨대∨백군

01	회장겸반장

02	학생밎학부모

03	하루또는이틀

04	사과,배,귤등이

05	서울,인천등지

띄어쓰기 실전 연습

다음 문장들을 띄어쓰기에 맞게 다시 쓰세요.

01 시장에는조개,생선,기타등등다양한해산물이있었다.

02 두산대기아의시합이곧시작한다.

03 한팀은열명또는스무명으로구성된다.

2-7 바른 글씨 쓰는 요령

앞 단원에서는 미운 글씨의 특징에 관해 알아보았습니다. 이번에는 앞의 문제점을 고쳐 글씨를 보기
좋게 쓰는 방법을 알아보겠습니다.

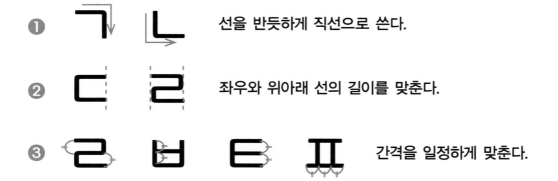

❶ 선을 반듯하게 직선으로 쓴다.

❷ 좌우와 위아래 선의 길이를 맞춘다.

❸ 간격을 일정하게 맞춘다.

자음 바른 글씨 연습하기

위의 바른 글씨 요령을 참고하여 자음들을 바르게 쓰는 연습을 해 보세요.

ㄱ	ㄱ						
ㄴ	ㄴ	ㄴ					
ㄷ	ㄷ	ㄷ	ㄷ				
ㄹ	ㄹ	ㄹ	ㄹ	ㄹ			
ㅁ	ㅁ	ㅁ	ㅁ				

대부분의 자음은 직선으로 반듯하게 쓰지만, 'ㅇ' 이나 'ㅎ'과 같이 동그란 원이 들어갈 때는 원이
찌그러지지 않게 씁니다. 원을 그릴 때 반씩 나누어 쓰면 훨씬 동그랗게 잘 써집니다.

ㅂ	ㅣㅣ	ㅂ	ㅂ				
ㅅ	ノ	ㅅ					
ㅇ	(	ㅇ	ㅇ				
ㅈ	ㅈ						
ㅊ	ㅊ						
ㅋ	ㅋ						
ㅌ	ㅌ						
ㅍ	ㅍ						
ㅎ	ㅎ						

맞춤법 • 어휘력 국어 실력 3단원

3-1 알면 쓸모 있는 낱말 익히기

 걸음의 종류 찾기

종종걸음	까치걸음	황소걸음	가재걸음

01 나는 동생이 잠에서 깨지 않게 ( )으로 걸었다.
　　발뒤꿈치를 들고 살살 걷는 걸음.

02 호통 소리에 놀란 꼬마는 ( )으로 뒤로 움직였다.
　　뒷걸음질하는 걸음.

03 겨울바람에 목을 움츠리고 ( )으로 발길을 재촉했다.
　　발을 가까이 자주 떼며 급히 걷는 걸음.

04 현수는 수업 종이 쳤는데도 천천히 ( )으로 걸어간다.
　　황소처럼 느리게 걷는 걸음.

 낱말 찾아 문장 완성하기 1

솜씨	마음씨	맵시	말씨

01 ( ) 착한 흥부가 다친 제비를 정성껏 치료해 주었다.
　　마음을 쓰는 태도.

02 동생이 서툰 ( )로 볶음밥을 만들어 주었다.
　　손으로 무엇을 만들거나 다루는 재주.

03 반장은 공손한 ( )로 선생님께 질문했다.
　　말하는 태도나 버릇.

04 효영이는 항상 단정하고 ( ) 있게 옷을 입는다.
　　옷차림이나 몸가짐 등을 잘 꾸며 아름답고 보기 좋은 모양.

낱말 찾아 문장 완성하기 2

| 원인 | 이유 | 사연 | 유래 |

01 내가 학교를 결석한 진짜 (   )는 비밀이다.
　　어떠한 결과가 생기게 된 까닭이나 근거.

02 고속도로에서 발생한 삼중 추돌 사고의 (   )이 밝혀졌다.
　　어떤 일이 일어나게 된 근본적인 이유.

03 사회 숙제로 나는 김치의 (   )를 조사했다.
　　어떤 일이 발생한 계기와 지나온 과정에 관한 것.

04 남을 위해 자신을 희생한 경찰의 (   )이 소개되었다.
　　어떤 일이 일어나게 된 사정과 까닭.

전통 민속놀이 찾기

| 강강술래 | 놋다리밟기 | 쥐불놀이 | 차전놀이 |

01 여자들이 공주를 뽑아 자신들의 허리를 굽혀 그 위로 걸어가게 하는 놀이.
　　　　　　　　　　　　　　　　　　　(　　　　　　　　　　)

02 여러 사람이 손을 잡고 원을 그리며 돌면서 춤을 추고 노래 부르는 민속놀이.
　　　　　　　　　　　　　　　　　　　(　　　　　　　　　　)

03 외바퀴 수레를 만들어 동네별로 편을 짜 앞으로 밀고 나가면서 싸우는 민속놀이.
　　　　　　　　　　　　　　　　　　　(　　　　　　　　　　)

04 정월 대보름 전날에 논둑이나 밭둑에 불을 붙이고 돌아다니며 노는 놀이.
　　　　　　　　　　　　　　　　　　　(　　　　　　　　　　)

3-2 어휘력 키우는 비슷한 말과 반대말

 비슷한 말끼리 선 긋기 1

❶ 추억 · · ㄱ 얼굴

❷ 귀퉁이 · · ㄴ 모퉁이

❸ 낯 · · ㄷ 물결

❹ 너울 · · ㄹ 회상

 비슷한 말끼리 선 긋기 2

❶ 흔적 · · ㄱ 자국

❷ 고민 · · ㄴ 꿈

❸ 요즈음 · · ㄷ 최근

❹ 희망 · · ㄹ 걱정거리

 밑줄 친 낱말을 비슷한 말로 바꾸기

01 동생이 <u>매서운</u> 눈초리로 나를 쏘아보았다.

사	ㄴ	ㅇ

02 아프다고 아무 약이나 <u>무턱대고</u> 먹으면 안 된다.

다	ㅉ	ㄱ	ㅉ

03 이 전통 한옥은 조상 대대로 <u>이어받은</u> 집이다.

물	ㄹ	ㅂ	ㅇ

04 공부할 때는 자세부터 <u>바로잡고</u> 앉자.

고	ㅊ	ㄱ

반대말끼리 선 긋기 1

❶ 장녀 · · ㉠ 조모

❷ 조부 · · ㉡ 증조부

❸ 증조모 · · ㉢ 졸개

❹ 우두머리 · · ㉣ 장남

 반대말끼리 선 긋기 2

❶ 온순하다 · · ㉠ 안전하다

❷ 위급하다 · · ㉡ 틀림없다

❸ 틀리다 · · ㉢ 포악하다

❹ 말리다 · · ㉣ 적시다

밑줄 친 낱말을 반대말로 바꾸기

01 주인공은 부잣집 외동딸로 <u>호강</u>하며 곱게 자랐다.

ㄱ	ㅅ

02 전학을 가는 친구에게 울면서 <u>작별</u> 인사를 했다.

ㅁ	ㄴ

03 우리 선생님은 아이들의 <u>장점</u>을 매일 칭찬합니다.

ㄷ	ㅈ

04 아침 <u>최저</u> 기온이 영하 십 도까지 떨어집니다.

ㅊ	ㄱ

05 그 의견에는 <u>소수</u>의 사람만 찬성했다.

ㄷ	ㅅ

3-3 표현력 키우는 다양한 낱말 모음

낱말 찾아 문장 완성하기 1

하찮게	까마득한	두루뭉술하다	뻣뻣해서

01 꿈속에서 끝이 보이지 않는 (　　　　　　　) 낭떠러지에 서 있었다.
　　거리가 매우 멀어 보이거나 시간이 아주 오래되어 기억이 희미하다.

02 사람의 생명을 (　　　　　　) 여겨서는 안 된다.
　　그다지 훌륭하거나 대수롭지 아니하다.

03 그의 의견은 이래도 좋고 저래도 좋다는 식으로 (　　　　　　).
　　말, 행동이나 태도 등이 분명하지 않다.

04 연수는 몸이 (　　　　　　) 유연한 운동을 할 수 없다.
　　어떤 물체가 부드럽지 않고 굳고 단단하다.

낱말 찾아 문장 완성하기 2

갸름하다	찌뿌드드하다	퀴퀴한	성기게

01 감기가 아직 낫지 않아서인지 몸이 아주 (　　　　　　).
　　몸살이나 감기 따위로 몸이 무겁고 거북하다.

02 그녀의 얼굴은 희고 (　　　　　　).
　　보기 좋을 정도로 조금 가늘고 긴 듯하다.

03 너무 (　　　　　　) 짜인 그물이라 작은 물고기들이 모두 빠져나갔다.
　　비슷한 것들 여러 개의 사이가 좁지 않고 조금 떨어져 있다.

04 오랫동안 씻지 못한 남자의 몸에서는 (　　　　　　) 악취가 진동했다.
　　몹시 더러워지거나 썩어 비위에 거슬릴 만큼 냄새가 심하다.

낱말 찾아 문장 완성하기 3

녹녹하게	씁쓸한	늙수그레한	짭짤해서

01 맛있는 빵을 만들려면 (   ) 반죽해야 한다.
　　촉촉한 기운이 있다.

02 달콤한 초콜릿보다 (   ) 초콜릿이 더 맛있다.
　　조금 쓴 맛이 나다. 싫거나 언짢은 기분이 조금 나다.

03 장조림이 (   ) 밥반찬으로 알맞다.
　　맛이 조금 짜다.

04 로봇 박람회에는 아이들뿐만 아니라 (   ) 남자들도 많았다.
　　꽤 늙어 보이다.

 낱말 찾아 문장 완성하기 4

이롭다	어리둥절한	지극한	흐뭇하게

01 내가 갑자기 크게 웃자 친구들이 (   ) 표정으로 바라보았다.
　　일이 돌아가는 상황을 잘 알지 못해 정신이 얼떨떨하다.

02 아침에 일어나자마자 물 한 잔을 마시면 건강에 (   ).
　　도움이나 이익이 되다.

03 할머니는 아이들이 노는 모습을 보며 (   ) 웃으셨다.
　　마음에 들어 매우 만족스럽다.

04 감기 걸린 나를 밤새 간호한 언니의 (   ) 정성에 감동하였다.
　　어떤 것에 대하여 쏟는 관심이나 사랑 등이 더할 수 없이 정성스럽다.

3-4 헷갈리는 맞춤법 완전 정복

 틀린 낱말을 맞춤법에 맞게 고치기

아래 문장에서 밑줄 친 낱말을 맞춤법에 맞게 고쳐 주세요.

01 나라초등학교 졸업식이 **몇일**입니까? ( )

02 동생에게 **빼았은** 장난감을 다시 돌려주었다. ( )

03 감기에 걸린 엄마를 위해 언니와 함께 **설겆이**했다. ( )

04 집에 들어서자 **부엌**에서 맛있는 음식 냄새가 풍겼다. ( )

05 더운 여름이 끝나자 아빠는 선풍기에 **덮개**를 씌우셨다. ( )

 헷갈리는 낱말에서 맞게 고르기

문장을 잘 읽어 보고 두 개 중 맞춤법에 맞는 낱말을 골라 주세요.

01 실수로 우유를 옷에 [엎질렀다 / 업질렀다].

02 [오랫만에 / 오랜만에] 놀이공원에서 즐거운 하루를 보냈다.

03 출렁이는 바다를 보니 [왠지 / 웬지] 모르게 겁이 났다.

04 함께 달리다 넘어진 친구를 [이르켜 / 일으켜] 세웠다.

05 방과 후 친구들과 [숨박꼭질 / 숨바꼭질]을 하며 놀았다.

3-5 비슷해 보이지만 서로 다른 낱말

 매다와 메다

> **매다** : 끈이나 줄 따위가 풀어지지 않게 묶거나 고정하다.
>
> **메다** : 어깨에 걸치거나 올려놓다.

`실전 예문`

01 어깨에 배낭을 (매고 / 메고) 소풍을 갔다.

02 염소를 말뚝에 (매어 / 메어) 놓았다.

03 풀어진 신발 끈을 단단히 (매고 / 메고) 달렸다.

04 쌀자루를 혼자 (매고 / 메고) 5층까지 올라갔다.

 빗다와 빚다

> **빗다** : 머리털을 빗 따위로 가지런히 고르다.
>
> **빚다** : ① 흙과 같은 재료를 반죽해 어떤 형태를 만들다.
> ② 가루를 반죽하여 만두, 송편, 경단 등을 만들다.
> ③ 술을 담그다.

`실전 예문`

01 황토로 (빗은 / 빚은) 장독이 훨씬 튼튼하다.

02 단정하게 (빗은 / 빚은) 머리가 깔끔해 보였다.

03 추석에 온 가족이 모여 송편을 (빗는다 / 빚는다).

04 강아지 털이 엉키지 않게 잘 (빗어 / 빚어) 주세요.

3-6 쓰임에 따라 붙여 쓰거나 띄어쓰기

같은 모양의 단어라도 때에 따라 붙여 쓸 수도, 띄어 쓸 수도 있습니다.

같이

→ 함께라는 뜻일 때는 띄어 쓴다.
⑩ 집에∨같이∨가자.

→ ~처럼. 앞말을 강조할 때는 붙여 쓴다.
⑩ 얼음같이∨차가운∨물.

띄어쓰기 실전 연습

다음 문장들을 띄어쓰기에 맞게 다시 쓰세요.

01 우리같이국어숙제하자.

02 여우같이영악하구나.

03 나랑같이놀자.

04 손님은새벽같이떠났다.

05 학교에매일같이지각한다.

3-7 바른 글씨로 모음 쓰기

모음은 대부분 반듯하게만 써도 잘 쓴 것처럼 보입니다. 'ㅏ, ㅓ, ㅗ, ㅜ'와 같이 선 옆이나 위아래에
점을 그을 때는 가운데에 씁니다. 'ㅑ, ㅕ, ㅛ, ㅠ'와 같이 선에 두 개의 점을 그을 때는 가운데를
기준으로 하여 양쪽을 같은 간격으로 씁니다.

ㅏ	ㅏ						
ㅑ	ㅑ						
ㅓ	ㅓ						
ㅕ	ㅕ						
ㅗ	ㅗ						
ㅛ	ㅛ						
ㅜ	ㅜ						
ㅠ	ㅠ						
ㅡ	ㅡ						

4-1 알면 쓸모 있는 낱말 익히기

 낱말 찾아 문장 완성하기

암송	낭송	낭독	묵독

01 아침마다 우리 반은 시를 큰 소리로 (　　　　　)한다.
시나 글을 느낌에 맞게 읽는 것.

02 글을 제대로 이해하려면 속으로 읽는 (　　　　　)을 해야 한다.
소리를 내지 않고 속으로 글을 읽음.

03 윤동주 시집을 얼마나 많이 읽었는지 제목만 말해도 줄줄 (　　　　　)한다.
시나 글을 외워서 읽는 것.

04 재판이 끝나자 판사가 판결문을 (　　　　　)했다.
소리를 내어 글을 읽음.

 낱말 초성 퀴즈 1

01 물이 세차게 빙빙 돌며 흐르는 현상으로
주변이 가운데로 끌려 들어간다.

ㅅ	ㅇ	ㄷ	ㅇ

02 물이 떨어질 때 생기는 힘으로 바퀴를 돌려
곡식을 찧거나 빻는 기구.

ㅁ	ㄹ	ㅂ	ㅇ

03 어떤 것을 아름답게 꾸미는 것.

ㅈ	ㅅ

04 동글동글하고 매끈한 작은 돌.

ㅈ	ㅇ	ㄷ

웃음의 종류 찾기

너털웃음	함박웃음	눈웃음	코웃음

01 한밤중에 아버지의 (   ) 소리에 잠에서 깼다.

　크게 소리 내어 시원하게 웃는 웃음.

02 자신을 구해 주겠다는 생쥐의 말에 사자는 (   )을 쳤다.

　가볍게 콧소리를 내며 웃는 비난 조의 웃음.

03 환하게 웃는 아이들의 (   )을 보면 기분이 좋아진다.

　입을 크게 벌려 환하게 웃는 웃음.

04 애교 넘치는 (   )이 연우의 매력이다.

　소리 없이 눈으로만 가만히 웃는 웃음.

낱말 초성 퀴즈 2

01 따뜻한 말이나 행동 등으로 괴로움을 덜어 주거나
슬픔을 달래 줌.

ㅇ	ㄹ

02 납작한 돌을 물 위로 비스듬히 던졌을 때, 그 튀기는
자리마다 생기는 물결 모양.

물	ㅅ	ㅈ	ㅂ

03 말과 비슷한 가축으로, 말보다 몸이 작고 귀가 길며,
앞머리의 긴 털이 없는 동물.

ㄷ	ㄴ	ㄱ

04 마음속에 품은 감정이나 생각 등이 얼굴에 나타나는 것.

ㅍ	ㅈ

05 재산을 다 잃어 아무것도 가진 것이 없게 된 사람.

빈	ㅌ	ㅌ	ㄹ

4-2 어휘력 키우는 비슷한 말과 반대말

 비슷한 말끼리 선 긋기 1

❶ 다부지다 •　　　　　• ㉠ 견디다

❷ 버티다 •　　　　　• ㉡ 야무지다

❸ 붙잡다 •　　　　　• ㉢ 엄청나다

❹ 굉장하다 •　　　　• ㉣ 쥐다

 비슷한 말끼리 선 긋기 2

❶ 보충하다 •　　　　• ㉠ 치뜨다

❷ 부릅뜨다 •　　　　• ㉡ 보완하다

❸ 납작하다 •　　　　• ㉢ 힘차다

❹ 세차다 •　　　　　• ㉣ 판판하다

 밑줄 친 낱말을 비슷한 말로 바꾸기

01 혜지는 막내라서 그런지 <u>응석</u>이 심한 편이다.

어	ㄹ	ㄱ

02 지호가 친구들 앞에서 별명을 불러 <u>창피</u>를 주었다.

	ㅁ	ㅅ

03 옆집 아저씨는 돈을 절대로 쓰지 않는 <u>구두쇠</u>이다.

ㅈ	ㄹ	ㄱ	ㅂ

04 따뜻한 우유에 코코아 <u>분말</u>을 타서 마셨다.

	ㄱ	ㄹ

반대말끼리 선 긋기 1

❶ 간단하다 ·   · ㉠ 자연스럽다

❷ 따뜻하다 ·   · ㉡ 헤어지다

❸ 만나다 ·   · ㉢ 싸늘하다

❹ 어색하다 ·   · ㉣ 복잡하다

반대말끼리 선 긋기 2

❶ 막다 ·   · ㉠ 단단하다

❷ 무르다 ·   · ㉡ 뚫다

❸ 비다 ·   · ㉢ 얻다

❹ 잃다 ·   · ㉣ 차다

밑줄 친 낱말을 반대말로 바꾸기

01 독립 운동가의 <u>후손</u>에 대한 많은 지원이 필요하다.

ㅈ	ㅅ

02 언젠가 세계여행을 하리라는 <u>희망</u>을 품고 있다.

ㅈ	ㅁ

03 물 <u>낭비</u>를 줄이기 위해 양치할 때 컵을 사용해라.

ㅈ	ㅇ

04 반 대항 피구 경기에서 우리 반이 <u>패배</u>했다.

ㅅ	ㄹ

4-3 표현력 키우는 다양한 낱말 모음

낱말 찾아 문장 완성하기 1

포악한	서투르지만	멀쩡하게	드물게

01 사막에서는 큰비가 매우 (   ) 내린다.
일어나는 횟수가 많지 않다.

02 주현이는 비록 춤이 (   ) 노래는 잘한다.
어떤 것에 미숙하거나 잘하지 못하다.

03 영서는 계단에서 굴러떨어졌지만, 겉보기에 (   ) 보였다.
흠이나 다친 곳 등이 없고, 아주 온전하다.

04 피라니아는 성질이 (   ) 육식 어종이다.
성질이 악하고 사납다.

낱말 찾아 문장 완성하기 2

거슬려	편찮으셔서	모질게	갑갑하게

01 할머니는 몸이 (   ) 누워만 계신다.
몸이나 마음이 편하지 않거나 괴롭다.

02 바지가 줄어들었는지 입으면 (   ) 느껴진다.
몸을 조여 답답한 느낌이 있다.

03 자식의 나쁜 버릇을 고치려면 마음을 (   ) 먹고 혼내야 한다.
마음씨나 행동이 몹시 쌀쌀맞고 독하다.

04 윗집의 피아노 소리가 (   ) 집중하기 어렵다.
못마땅하거나 마음에 들지 않아 기분이 상하다.

낱말 찾아 문장 완성하기 3

다정하게	기발한	당혹스럽다	어이없다

01 믿었던 친구에게 배신을 당하니 너무 (　　　　　).
　　정신이 헷갈리거나 생각이 막혀 어찌할 바를 모르다.

02 소문이 너무 황당해 (　　　　　).
　　일이 너무 뜻밖이어서 기가 막히다.

03 희진이는 언제나 웃으며 (　　　　　) 말을 건넨다.
　　정이 많다.

04 문제를 해결할 (　　　　　) 아이디어가 생각났다.
　　놀라울 정도로 재치 있고 뛰어나다.

 낱말 찾아 문장 완성하기 4

안일한	특이한	터무니없는	괴이한

01 떠도는 소문은 (　　　　　) 거짓말이다.
　　황당하고 믿음성이 없어 전혀 근거가 없다.

02 세영이는 새우를 먹으면 두드러기가 생기는 (　　　　　) 체질이다.
　　보통의 것과 비교해 뚜렷하게 다르다.

03 멀리서 늑대가 울부짖는 듯한 (　　　　　) 소리가 들렸다.
　　아주 괴상하고 이상하다.

04 안전에 대한 (　　　　　) 자세는 자칫하면 큰 사고를 일으킬 수 있다.
　　너무 쉽고 편하게 생각하고, 큰 관심을 두지 않는 태도.

4-4 헷갈리는 맞춤법 완전 정복

 틀린 낱말을 맞춤법에 맞게 고치기

아래 문장에서 밑줄 친 낱말을 맞춤법에 맞게 고쳐 주세요.

01 아이들은 <u>숟가락</u>을 들고 열심히 밥을 떠먹고 있었다.　(　　　　　　　)

02 아이들이 교실 뒤에 모여 <u>수근거리고</u> 있었다.　　　(　　　　　　　)

03 우리는 매일 점심시간에 <u>잠간</u> 동안이라도 축구를 했다. (　　　　　　　)

04 <u>어의없는</u> 실수로 다 잡은 물고기를 놓쳤다.　　　　(　　　　　　　)

05 창고문을 열자 <u>온갖</u> 물건들이 쏟아졌다.　　　　　(　　　　　　　)

 헷갈리는 낱말에서 맞게 고르기

문장을 잘 읽어 보고 두 개 중 맞춤법에 맞는 낱말을 골라 주세요.

01 민수가 왜 그런 말을 했는지 $\begin{bmatrix} 곰곰히 \\ 곰곰이 \end{bmatrix}$ 생각해 보았다.

02 친구들끼리 싸움을 하면 $\begin{bmatrix} 어떻해 \\ 어떡해 \end{bmatrix}$?

03 세영이는 넘어질 때마다 $\begin{bmatrix} 오뚝이 \\ 오뚜기 \end{bmatrix}$ 처럼 다시 일어섰다.

04 나는 $\begin{bmatrix} 오랜동안 \\ 오랫동안 \end{bmatrix}$ 망설인 끝에 드디어 결심했다.

05 태극기는 $\begin{bmatrix} 우리나라 \\ 저희 나라 \end{bmatrix}$ 를 대표하는 국기입니다.

4-5 비슷해 보이지만 서로 다른 낱말

새다와 세다

새다 : 틈이나 구멍으로 기체나 액체가 빠져나가다.

세다 : 어떤 힘이 크다.

실전 예문

01 경수는 우리 반에서 팔 힘이 가장 (새다 / 세다).

02 물통에서 물이 (새어 / 세어) 가방이 다 젖었다.

03 창문을 너무 (새게 / 세게) 닫지 마세요.

04 가스가 (새지 / 세지) 않도록 사용한 후 반드시 잠가라.

다투다와 싸우다

다투다 : ① 주로 말로 의견이나 잘잘못을 서로 따지다.
　　　　 ② 승부나 우열을 겨루다.

싸우다 : 말, 힘, 무기 등 모든 수단과 방법을 이용하여 상대를 이기려 하다.
　　　　 사람이 아닌 다른 대상에게도 사용한다.

실전 예문

01 두 나라는 국경을 두고 10년이 넘게 (다투고 / 싸우고) 있다.

02 나는 오늘 사소한 문제로 친구와 (다투었다 / 싸웠다).

03 한국은 미국과 우승을 (다투며 / 싸우며) 결승전을 치르고 있다.

04 동물원에서 사자들끼리 (다투는 / 싸우는) 것을 보았다.

부수다와 부시다

> **부수다** : 단단한 물체를 여러 조각이 나게 두드려 깨뜨리다.
>
> **부시다** : 그릇 따위를 물로 씻어 깨끗하게 하다.

실전 예문

01 쿠키를 잘게 (부숴 / 부셔) 먹었다.

02 강한 바람이 유리창을 (부쉈다 / 부셨다).

03 컵은 물로 한 번 (부수고 / 부시고) 쓰세요.

04 아기에게는 음식을 잘게 (부수어 / 부시어) 줘야 한다.

 부치다와 붙이다

> **부치다** : 편지나 물건 등을 어떤 방법을 통해 다른 사람에게 보내다.
>
> **붙이다** : [기본형은 붙다] 무엇이 맞닿아 떨어지지 않게 하다.

실전 예문

01 봉투에 우표를 (부치다 / 붙이다).

02 친구에게 편지를 (부치다 / 붙이다).

03 짐이 너무 많아 큰 짐은 미리 (부쳤다 / 붙였다).

04 숙제해 온 사람은 칭찬 스티커를 (부친다 / 붙인다).

05 아들에게 학비와 용돈을 (부쳤다 / 붙였다).

4-6 이름과 호칭 띄어쓰기

 성과 이름은 붙여 쓴다

박문수, 이순신과 같이 성과 이름은 붙여 씁니다. 많은 사람들의 성은 한 글자이지만 간혹 성씨가 두 글자인 경우도 있는데, 만약 구분하기를 원할 경우 성과 이름을 띄어 써도 됩니다.

한 글자 성씨

성	이름	띄어쓰기
김	정민	김정민
이	연희	이연희
정	지현	정지현
박	성태	박성태

두 글자 성씨

성	이름	띄어쓰기
남궁	민	남궁∨민
황보	경	황보∨경
제갈	공명	제갈∨공명
독고	영재	독고∨영재

 호칭이나 직책은 띄어 쓴다

이름에 그 사람의 호칭이나 직책을 함께 쓸 경우 이름과 띄어 씁니다. 예를 들어 '연우 누나, 김 선생님, 박 사장, 안중근 의사' 등과 같이 띄어 씁니다.

띄어쓰기 기초 연습

아래 예제에서 띄어 쓸 곳에 ∨ 표시를 합니다.

장현국박사	이순신장군
백지민교수	운재씨
박태현선배	도현군
효영양	문대통령

띄어쓰기 실전 연습

다음 문장들을 띄어쓰기에 맞게 다시 쓰세요.

01 전염병이돌자최대감께서허의원을급히찾았다.

02 영진이형과연우누나는놀러나가서집에없었다.

03 가장존경하는사람은백범김구선생이다.

04 대한민국환경을책임지는환경부장관이되고싶다.

05 안중근의사와유관순열사의위인전을읽었다.

06 강감찬장군은거란의침입을막아낸구국의영웅이다.

4-7 바른 글씨로 속담 쓰기

다음 속담을 따라 쓰면서 바른 글씨를 연습합니다. 직선으로 곧게 글씨를 쓰도록 최대한 노력하며, 따라 쓴 후 아래 줄에 연습합니다.

01 속담 풀이 실천하기 어려운 것을 괜히 의논만 하는 것을 뜻함.

고양이 목에 방울 달기.

02 속담 풀이 남에게 말이나 행동을 좋게 해야 남도 나에게 좋게 한다는 말.

가는 말이 고와야 오는 말이 곱다.

03 속담 풀이 힘든 것을 견디면 반드시 즐겁고 좋은 날이 온다는 말.

고생 끝에 낙이 온다.

04 속담 풀이 남을 속이며 하는 일은 언젠가 들키고 만다는 것을 뜻함.

꼬리가 길면 밟힌다.

5-1 알면 쓸모 있는 낱말 익히기

 낱말 찾아 문장 완성하기

눈치코치	세상천지	옥신각신	새침데기

01 이렇게 억울한 일이 (   )에 또 있을까?
　　세상을 강조하여 이르는 말.

02 동생은 어려서인지 (   )가 없어 답답하다.
　　눈치를 강조하여 낮추어 이르는 말.

03 연우는 겉보기엔 (   )같이 보이지만 실제로는 착하다.
　　남에게 관심 없는 듯 성격이나 행동이 조금 차가운 사람.

04 몇 차례의 (   ) 끝에 우리 반 응원가가 결정되었다.
　　서로 옳고 그름을 따지거나 자기주장을 내세우면서 말로 다툼.

낱말 초성 퀴즈 1

01 전쟁, 자연재해 등의 재난을 피해 도망가 머무는 곳.

피	ㄴ	ㅊ

02 물체의 생긴 모양이나 그 바탕이 되는 몸체.

	ㅎ	체

03 어떻게 하기로 굳게 마음을 정함.

	ㄱ	ㅅ

04 여러 대를 이어서 계속하여.

대	ㄷ	ㄹ

5-2 어휘력 키우는 비슷한 말과 반대말

비슷한 말끼리 선 긋기 1

❶ 잡아당기다 ·   · ㉠ 팽개치다

❷ 내버리다 ·   · ㉡ 끌어당기다

❸ 덧붙이다 ·   · ㉢ 스며들다

❹ 배다 ·   · ㉣ 첨가하다

비슷한 말끼리 선 긋기 2

❶ 찌푸리다 ·   · ㉠ 첩첩이

❷ 진하다 ·   · ㉡ 짙다

❸ 겹겹이 ·   · ㉢ 찡그리다

❹ 두드러지다 ·   · ㉣ 돋보이다

밑줄 친 낱말을 비슷한 말로 바꾸기

01 <u>농부</u>에게는 땅이 생명이고 삶 자체이다.

ㄴ	ㅁ

02 남은 음식을 빈 <u>그릇</u>에 담아 두었다.

ㅇ	ㄱ

03 한반도의 번영과 전 세계 평화를 <u>염원</u>한다.

ㅅ	ㅁ

04 하영이와 나는 10년 넘게 알고 지낸 오랜 <u>친구</u>이다.

ㅂ

반대말끼리 선 긋기 1

❶ 개운하다 ·

❷ 내려놓다 ·

❸ 무례하다 ·

❹ 미천하다 ·

· ㉠ 찜찜하다

· ㉡ 정중하다

· ㉢ 귀하다

· ㉣ 올려놓다

반대말끼리 선 긋기 2

❶ 영리하다 ·

❷ 결석하다 ·

❸ 담다 ·

❹ 덮다 ·

· ㉠ 벗기다

· ㉡ 덜다

· ㉢ 출석하다

· ㉣ 어리석다

밑줄 친 낱말을 반대말로 바꾸기

01 오랜 <u>가뭄</u>으로 강이 바닥까지 드러났다.

ㅈ	ㅁ

02 우리 팀의 가장 큰 <u>강점</u>은 완벽한 수비다.

ㅇ	ㅈ

03 내가 가장 <u>존경</u>하는 사람은 이순신 장군이다.

ㅁ	ㅅ

04 생일 파티에 가지 않겠다는 것은 <u>진담</u>이 아니야.

ㄴ	ㄷ

5-3 표현력 키우는 다양한 낱말 모음

 낱말 찾아 문장 완성하기 1

| 언짢다 | 예민해 | 갈팡질팡해 | 독특한 |

01 마음이 (   ) 아직 결정하지 못했어요.
어떻게 할 줄을 모르고 이리저리 헤매다.

02 집에 오는 길에 친구와 말다툼하여 마음이 (   ).
마음에 들지 않거나 기분이 좋지 않다.

03 사람들은 저마다 (   ) 개성을 가지고 있다.
다른 것과 비교하여 특별하게 다르다.

04 내 동생은 냄새에 (   ) 방향제를 싫어한다.
무엇인가를 느끼고 반응하는 것이 매우 빠르고 민감하다.

 낱말 찾아 문장 완성하기 2

| 지혜로운 | 심술궂은 | 태만하게 | 바지런한 |

01 전학생은 교과서도 없이 (   ) 수업을 받았다.
열심히 하지 않고 게으르다.

02 놀부는 (   ) 성격이라 남이 잘되는 꼴을 못 봤다.
남을 괴롭히거나 남이 잘못되기를 바라는 마음이 많다.

03 반장은 (   ) 행동으로 항상 모범을 보였다.
게으름을 부리지 않고 꾸준히 일하는 성향이 있다.

04 (   ) 임금님 덕분에 백성들이 평안하게 살 수 있었다.
사물의 이치를 빨리 깨닫고 옳고 그름을 잘 이해하여 처리하는 능력이 있다.

낱말 찾아 문장 완성하기 3

울먹였다	뉘우치고	꾸짖었다	누그러졌다

01 선생님은 잘못을 저지른 아이를 심하게 (   ).
      윗사람이 아랫사람의 잘못에 대하여 몹시 혼내다.

02 현지는 슬픈 영화를 보고 어깨를 들썩거리며 (   ).
      곧 울음이 터져 나오려고 하다.

03 진심이 담긴 사과에 화난 마음이 조금 (   ).
      화가 나거나 흥분한 마음이 약해지다.

04 자신의 잘못을 깊이 (   ) 친구에게 사과했다.
      스스로 자신의 잘못을 깨닫고 반성하다.

 낱말 찾아 문장 완성하기 4

비실비실	머뭇머뭇	뒤적뒤적	부랴부랴

01 무슨 말을 해야 할지 몰라 (   ) 망설이며 서 있었다.
      말이나 행동을 선뜻 하지 못하고 자꾸 망설이는 모양.

02 (   ) 달려갔지만 기차는 이미 떠난 뒤였다.
      매우 급하게 서두르는 모양.

03 강아지는 더위에 지쳤는지 (   ) 걸었다.
      힘이 없거나 어지러워서 곧 쓰러질 듯이 자꾸 비틀거리는 모양.

04 먹을 것을 찾기 위해 냉장고를 (   )하였다.
      물건들을 이리저리 들추며 자꾸 뒤지는 모양.

5-4 헷갈리는 맞춤법 완전 정복

틀린 낱말을 맞춤법에 맞게 고치기

아래 문장에서 밑줄 친 낱말을 맞춤법에 맞게 고쳐 주세요.

01 마당에 장미꽃이 <u>이쁘게도</u> 피었네.　　　　(　　　　　　　)

02 그 애는 친구들과 동떨어져 <u>외토리</u>로 지낸다.　(　　　　　　　)

03 동생이 초등학교에 입학하더니 <u>으젓해졌다.</u>　(　　　　　　　)

04 생선은 숯불에 <u>통채로</u> 구워야 맛있다.　　　　(　　　　　　　)

05 100m 앞의 과녁을 향해 활시위를 <u>힘컷</u> 당겼다.　(　　　　　　　)

헷갈리는 낱말에서 맞게 고르기

문장을 잘 읽어 보고 두 개 중 맞춤법에 맞는 낱말을 골라 주세요.

01 엄마가 전화를 받는 사이에 김치 ⎡ 찌게 / 찌개 ⎤ 가 타버렸다.

02 낡은 집이라 비만 오면 ⎡ 천장 / 천정 ⎤ 에서 물이 떨어진다.

03 우리 집은 ⎡ 수다장이 / 수다쟁이 ⎤ 동생 때문에 항상 시끄럽다.

04 내가 그린 불조심 포스터가 학교 ⎡ 계시판 / 게시판 ⎤ 에 붙었다.

05 ⎡ 나무꾼 / 나뭇꾼 ⎤ 은 도끼로 나무의 밑동을 찍었다.

5-5 비슷해 보이지만 서로 다른 낱말

 조리다와 졸이다

> **조리다** : 고기나 생선, 채소 등을 국물에 넣고 양념이 잘 배어들게 바짝 끓이다.
>
> **졸이다** : ① [기본형은 졸다] 찌개, 국, 한약 따위의 물이 증발하여 양이 적어지다.
> ② 마음이 초조하고 걱정에 속이 타다.

실전 예문

01 고등어를 양념이 잘 밸 때까지 (조린다 / 졸인다).

02 우리 팀의 경기를 마음을 (조리며 / 졸이며) 지켜보았다.

03 준비한 감자에 간장 양념을 넣고 바짝 (조렸다 / 졸였다).

04 된장을 넣고 짭짤하게 (조리면 / 졸이면) 된장국이 완성된다.

 거름과 걸음

> **거름** : 식물이 잘 자라도록 땅을 기름지게 하려고 주는 물질.
>
> **걸음** : 두 발을 번갈아 옮겨 놓는 동작.

실전 예문

01 신랑이 씩씩한 (거름 / 걸음)으로 입장했다.

02 감자가 잘 자라도록 밭에 (거름 / 걸음)을 뿌렸다.

03 학교에 지각하지 않기 위해 빠른 (거름 / 걸음)으로 걸었다.

04 시들해진 화분에 (거름 / 걸음)을 주자 다시 살아났다.

5-6 낱말의 기본형 이해하기

낱말의 기본형 알아내기

국어사전에서 모르는 낱말을 찾을 때는 그 낱말의 기본형으로 찾아야 합니다. 낱말의 기본형은 모양이 바뀌지 않는 부분을 찾아 '-다'를 붙이면 됩니다. 예를 들어 '웃으니, 웃고, 웃어라, 웃으며'의 기본형은 모양이 바뀌지 않는 부분인 '웃'에 '다'를 붙여 '웃다'입니다.

웃으니
웃고
웃어라
웃으며

기본형은? 웃 + 다 ➡ 웃다

(변하지 않는 부분)

다음 낱말들의 기본형 쓰기

먹고
먹으니
먹고서
먹자

먹 + 다

01

간다
가셨다
가는
가서

가 + 다

02

눌러
누르고
눌러서
누르면

누 + ㄹ + 다

03

낱말의 기본형 찾아 쓰기 1

다음 예문에서 밑줄 친 낱말의 기본형을 왼쪽 빈칸에 써 주세요.

01 ☐

❶ 책을 <u>읽다가</u> 잠이 들어 버렸다.

❷ 반드시 설명서를 <u>읽은</u> 후에 사용하세요.

❸ 만약 전집을 모두 <u>읽으면</u> 선물을 줄게.

❹ 이 책은 어제 학교에서 <u>읽었다.</u>

02 ☐

❶ 식탁에 <u>앉아</u> 책을 읽었다.

❷ 다리 아픈 친구가 <u>앉도록</u> 자리를 양보했다.

❸ 침대에 <u>앉기만</u> 하면 동생이 화를 낸다.

❹ 체험 학습 가는 버스에서 혼자 <u>앉았다.</u>

03 ☐

❶ 기러기는 무리를 지어 <u>난다.</u>

❷ 하늘 위로 비행기가 <u>날아</u>간다.

❸ 잠자리가 물 위를 <u>날고</u> 있다.

❹ 뛰는 놈 위에 <u>나는</u> 놈 있다.

04 ☐

❶ 선생님도 풀기 <u>어려운</u> 문제였다.

❷ 그녀는 어려서 부모를 잃고 <u>어렵게</u> 지냈다.

❸ 시험 문제가 너무 <u>어려워</u> 풀지 못했다.

❹ 너무 늦으면 공연장 입장이 <u>어려울</u> 수 있다.

낱말의 기본형 찾아 쓰기 2

다음 예문에서 밑줄 친 낱말의 기본형을 왼쪽 빈칸에 써 주세요.

01

❶ 당신만 <u>쳐다보고</u> 살 수 없다.

❷ 하늘을 <u>쳐다보며</u> 한숨을 쉬었다.

❸ 사랑스러운 눈길로 <u>쳐다보았다.</u>

02

❶ 큰 돌을 <u>주워</u> 오세요.

❷ 도토리를 <u>줍지</u> 마세요.

❸ 단풍잎을 <u>주우러</u> 나갔다.

03

❶ 내 이름을 <u>부르는</u> 소리를 들었다.

❷ 일할 사람들을 <u>불러</u> 모으자.

❸ 친구들이 놀자며 <u>불렀다.</u>

04

❶ 진열대에는 <u>다양한</u> 상품이 있었다.

❷ 보석들이 <u>다양하고</u> 아름다웠다.

❸ 직업은 아주 <u>다양하게</u> 변해왔다.

5-7 바른 글씨로 속담 쓰기

다음 속담을 따라 쓰면서 바른 글씨를 연습합니다. 직선으로 곧게 글씨를 쓰도록 최대한 노력하며 따라 쓴 후 아래 줄에 연습합니다.

01 속담 풀이 적당한 것이 없을 때 비슷한 것으로 대신하는 경우에 쓴다.

꿩 대신 닭이다.

02 속담 풀이 정성을 다하여 한 일은 그 결과가 헛되지 않을 것이다.

공든 탑이 무너지랴.

03 속담 풀이 믿고 있던 일이나 사람이 배반하여 오히려 손해를 끼쳤을 때 쓰는 말이다.

믿는 도끼에 발등 찍힌다.

04 속담 풀이 자신의 잘못이 드러날까 두려워하는 마음이나 행동을 표현한 말이다.

도둑이 제 발 저리다.

맞춤법 · 어휘력 국어 실력 6단원

 6-1 알면 쓸모 있는 낱말 익히기

 손가락 명칭 찾기

| 새끼손가락 | 집게손가락 | 엄지손가락 | 약손가락 | 가운뎃손가락 |

❶ 두 개의 뼈마디로 된 짧고 강한 손가락. ( )

❷ 물체를 가리키는 데 사용하는 둘째 손가락. ( )

❸ 중지라고도 하며, 손에서 가장 긴 손가락. ( )

❹ 넷째 손가락으로 약지라고도 부른다. ( )

❺ 손에서 맨 끝에 있는 가장 작은 손가락. ( )

 낱말 초성 퀴즈 1

01 어떤 일이나 생각에 대해 반대하는 뜻을 주장함.

| 항 | ㅇ |

02 돈이나 재물을 지나치게 쓰지 않고 아끼는 사람.

| ㄱ | ㄷ | ㅅ |

03 세상에서 훌륭하다고 인정되는 이름이나 자랑.

| 명 | ㅇ |

04 돈이나 값나가는 모든 물건.

| ㅈ | ㅁ |

05 어떤 것에 대해 마음에 들지 않음을 말로 드러내는 것.

| ㅂ | ㅍ |

물건을 세는 단위 찾기

접	손	톳	갑

01 고등어 한 (   )은 두 마리다.

생선이나 배추 따위의 큰 것 하나와 작은 것 하나를 합한 것이 한 단위이다.

02 김 한 (   )은 김 100장이다.

김을 100장씩 묶어 세는 단위이다.

03 배추 한 (   )은 배추 100포기이고, 오이 반 (   )은 오이 50개다.

채소나 과일 따위를 100개씩 묶어 세는 단위.

04 분필 세 (   )은 분필이 담긴 작은 상자 세 개다.

작은 물건을 담는 작은 상자로 단위를 센다.

> **도움말** 단위는 앞말과 띄어 씁니다.

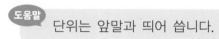 **낱말 초성 퀴즈 2**

01 어떤 사건이나 사실을 확인할 수 있는 근거.

ㅈ	ㄱ

02 짐승을 잡기 위해 파 놓은 구덩이.
남을 어려움에 빠뜨리거나 해치기 위해 꾸민 일.

ㅎ	ㅈ

03 원한이 맺힐 정도로 자기에게 해를 끼친 사람이나 집단.

ㅇ	ㅅ

04 말과 당나귀 사이에서 태어난 집짐승.

ㄴ	ㅅ

05 하룻낮의 절반.

한	ㄴ	ㅈ

6-2 어휘력 키우는 비슷한 말과 반대말

 비슷한 말끼리 선 긋기 1

❶ 떠오르다 ・　　　　・ ㉠ 응시하다

❷ 나무라다 ・　　　　・ ㉡ 당황하다

❸ 놀라다　 ・　　　　・ ㉢ 꾸짖다

❹ 바라보다 ・　　　　・ ㉣ 기억하다

 비슷한 말끼리 선 긋기 2

❶ 그대로 ・　　　　・ ㉠ 간청하다

❷ 다루다 ・　　　　・ ㉡ 위로하다

❸ 달래다 ・　　　　・ ㉢ 관리하다

❹ 조르다 ・　　　　・ ㉣ 고스란히

 밑줄 친 낱말을 비슷한 말로 바꾸기

01 그는 <u>추레한</u> 모습으로 거지꼴을 하고 나타났다.

초	ㄹ	ㅎ

02 놀이터에서 흙장난했더니 옷이 <u>꾀죄죄</u>해졌다.

지	ㅈ	ㅂ

03 드디어 내 방에 최신형 컴퓨터를 <u>마련</u>했다.

	장	ㅁ

04 하영이는 옷을 항상 <u>말끔하게</u> 입고 다닌다.

ㄲ	ㄲ	ㅎ	ㄱ

🐰 **반대말끼리 선 긋기 1**

❶ 솟아오르다 ·　　　　　　· ㄱ 기억하다

❷ 잊어버리다 ·　　　　　　· ㄴ 가라앉다

❸ 드넓다 ·　　　　　　　· ㄷ 희미하다

❹ 생생하다 ·　　　　　　· ㄹ 비좁다

🐰 **반대말끼리 선 긋기 2**

❶ 용감하다 ·　　　　　　· ㄱ 방어하다

❷ 걱정하다 ·　　　　　　· ㄴ 화려하다

❸ 공격하다 ·　　　　　　· ㄷ 비겁하다

❹ 초라하다 ·　　　　　　· ㄹ 안심하다

 밑줄 친 낱말을 반대말로 바꾸기

01 가위바위보로 최후의 <u>승자</u>를 가리자.

ㅍ	ㅈ

02 동생이 함께 놀자며 숙제를 못 하게 <u>방해</u>한다.

ㅎ	ㅈ

03 지하실 <u>내부</u>는 깜깜하고 아주 음침했다.

ㅇ	ㅂ

04 나는 <u>맏이</u>여서 어린 동생들을 자주 돌봐 주었다.

ㅁ	ㄴ

6-3 표현력 키우는 다양한 낱말 모음

 낱말 찾아 문장 완성하기 1

안타까웠다	얼씬거리는	거들먹거린다	설렌다

01 밤이 되자 시골길에 (　　　　　　) 사람이 한 명도 없었다.
　　어떤 장소나 눈앞에 잠깐씩 나타났다가 없어졌다 하다.

02 내일 배낭여행을 떠난다는 생각에 마음이 (　　　　　).
　　마음이 차분하지 않고 들떠서 두근거리다.

03 밤낮으로 열심히 공부한 형이 시험에 떨어져 (　　　　　).
　　뜻대로 되지 않거나 보기에 가슴 아프고 답답하다.

04 반장은 자신이 마치 왕이라도 된 것처럼 (　　　　　).
　　잘난 체하며 건방지게 행동하다.

 낱말 찾아 문장 완성하기 2

뉘엿뉘엿	꼼틀꼼틀	들쭉날쭉	힐끗힐끗

01 비가 내리자 지렁이들이 땅 위로 (　　　　　) 기어 나왔다.
　　몸의 한 부분을 비틀거나 구부리며 조금씩 자꾸 움직이는 모양.

02 큰소리로 다투자 지나가던 사람들이 (　　　　　) 쳐다본다.
　　슬쩍슬쩍 자꾸 흘겨보는 모양.

03 해는 (　　　　　) 저물고 하늘은 점점 빨갛게 물들었다.
　　해가 곧 지려고 산이나 지평선 너머로 조금씩 차츰 넘어가는 모양.

04 같은 4학년이라도 한 줄로 서면 키가 (　　　　　) 다르다.
　　들어가기도 하고 나오기도 하여 고르지 못한 모양.

낱말 찾아 문장 완성하기 3

뒤적이며	뒤덮인	쌔근거렸다	머금고

01 한동안 물을 (　　　　　　) 있다가 조금씩 삼켰다.
　　삼키지 않고 입속에 두다.

02 눈으로 (　　　　　　) 운동장에서 눈싸움했다.
　　빈 곳이 없게 모두 덮이다.

03 어머니는 서랍을 (　　　　　　) 무언가를 찾고 계셨다.
　　물건들을 이리저리 들추며 뒤지다.

04 걸음이 빠른 형을 따라오느라 동생은 숨이 차서 (　　　　　　).
　　숨 쉬는 소리가 조금 거칠게 자꾸 나다.

 낱말 찾아 문장 완성하기 4

꼬박꼬박	구석구석	어기적어기적	뒤죽박죽

01 집 안 (　　　　　　)을 다 찾아봤지만 차 열쇠가 없어요.
　　잘 드러나지 않는 곳까지 이 구석 저 구석.

02 이삿짐 때문에 집 안이 (　　　　　　)이다.
　　여럿이 마구 뒤섞여 엉망이 된 모양이나 상태.

03 민찬이는 용돈을 매달 (　　　　　　) 저축하여 큰돈을 모았다.
　　어떤 일을 한 번도 빠뜨리지 않고 계속하는 모양.

04 악어는 몸통을 좌우로 뒤뚱거리며 (　　　　　　) 걷는다.
　　팔과 다리를 어색하고 크게 움직이며 천천히 걷는 모양.

6-4 헷갈리는 맞춤법 완전 정복

틀린 낱말을 맞춤법에 맞게 고치기

아래 문장에서 밑줄 친 낱말을 맞춤법에 맞게 고쳐 주세요.

01 학원 가는 길에 만두 <u>가계</u>에서 찐만두를 사 먹었다. (   )

02 과학 시간에 <u>강남콩</u>을 심고 식물의 성장 과정을 관찰했다. (   )

03 저 사람 어디서 많이 본 사람 <u>같애</u>. (   )

04 수박을 냉장고에 넣었다가 시원해지면 먹을 <u>꺼야</u>. (   )

05 지금 밖이 너무 어둡네요. 날이 춥기도 <u>하구요</u>. (   )

헷갈리는 낱말에서 맞게 고르기

문장을 잘 읽어 보고 두 개 중 맞춤법에 맞는 낱말을 골라 주세요.

01 엄마 생신 선물을 사려는 데 돈이 [모자르다 / 모자라다].

02 창고로 쓰는 지하실은 먼지로 [덮여 / 덮혀] 있었다.

03 이른 아침 꽃잎에 이슬이 [매치다 / 맺히다].

04 수평선 위로 [뭉개구름 / 뭉게구름]이 탐스럽게 피어 올랐다.

05 빙판길을 내려오다가 그만 [미끄러졌다 / 미끌어졌다].

6-5 비슷해 보이지만 서로 다른 낱말

 쳐다보다와 바라보다

쳐다보다 : ① 위를 향하여 올려 보다.
　　　　　② 얼굴을 들어서 보다.

바라보다 : 어떤 대상을 바로 향하여 보다.

실전 예문

01 눈을 (쳐다보며 / 바라보며) 이야기하다.

02 밤하늘의 별을 (쳐다보다 / 바라보다).

03 멈추지 말고 앞만 (쳐다보고 / 바라보고) 뛰어라.

04 바다를 한동안 (쳐다보다가 / 바라보다가) 입을 열었다.

 거치다와 걷히다

거치다 : ① 오가는 도중에 어디를 지나거나 들르다.
　　　　　② 어떤 과정이나 단계를 겪거나 밟다.

걷히다 : [기본형은 걷다] 구름, 안개 등이 흩어져서 없어지다.

실전 예문

01 공정한 심사를 (거쳐서 / 걷혀서) 우승자를 뽑는다.

02 통영을 (거쳐 / 걷혀) 거제도로 갔다.

03 구름이 (거치고 / 걷히고) 하늘이 맑게 개었다.

04 안개가 (거치자 / 걷히자) 설악산이 모습을 드러냈다.

6-6 높임말 바르게 사용하기

우리나라에서는 부모님, 선생님, 할아버지, 할머니와 같은 웃어른께 높임말을 사용하는 것이 기본 예의입니다. 그렇다고 해서 꼭 나이가 많은 사람에게만 높임말을 쓰는 것은 아닙니다. 여기에서는 높임말을 올바르게 사용하는 방법을 배워 보겠습니다.

 높임말은 인간관계의 기본 예의

처음 만나거나 친하지 않은 사람에게는 서로의 나이에 상관없이 높임말을 사용하는 것이 예의입니다. 아무리 나이가 많고, 지위가 높더라도 반말을 하는 것은 예의가 아닙니다.

 공식적인 자리에서도 높임말 쓰기

여러분이 학급 회의나 발표와 같은 공식적인 상황에서 친구들에게 높임말을 사용하는 것처럼 나이나 지위와 관계없이 공식적인 상황에서는 높임말을 써야 합니다.

6-7 낱말을 높임말로 바꾸기

윗어른이 식사하셨는지 확인할 때 '밥 드셨어요?'이라는 말 대신 '진지 드셨어요?'라고 말합니다.
여기서 진지는 단어 자체가 높임말입니다. 다음 문장들을 높임말로 바꿔 보세요.

01 할머니는 <u>나이가</u> 많으셔서 병원에 <u>데리고</u> 가야 한다.

02 얘들아, 선생님<u>이</u> 하신 <u>말이</u> 맞는 것 같아.

03 할아버지는 친구분 <u>집에서</u> 저녁을 <u>먹는대요.</u>

04 선생님께 <u>물어보니</u> 내가 쓴 답이 정답이라고 <u>했다.</u>

05 혼자 사는 이모가 <u>아파서</u> 약을 사다 <u>주었다.</u>

'–께, –시'를 붙여 높이는 방법

다음 밑줄 친 부분을 높임말로 바꿔 주세요.

01 미국에 **간 삼촌이** 전화하셨다.

→ 미국에 _____ 삼촌_____ 전화하셨다.

02 고모는 외국어를 번역하는 일을 **한다**.

→ 고모는 외국어를 번역하는 일을 _____ .

'–습니다'로 높이는 방법

01 할머니 학교 **갔다 올게**.

→ 할머니 학교 _____ .

02 삼촌 생일 선물 **고마워**.

→ 삼촌 생일 선물 _____ .

자신을 낮춰 상대를 높이는 방법

상대방을 높이기 위해 자신을 낮추어 말하는 경우도 있습니다. '저는, 저희, 제가'와 같은 낮춤말을 사용하면 자신을 낮추면서 상대방을 높여 말하게 됩니다.

다음 밑줄 친 부분을 낮춤말로 바꿔 주세요.

01 **우리 반이** 대표로 나가게 해 주세요.　　　(　　　　　　　)

02 **나의 꿈은** 과학자입니다.　　　(　　　　　　　)

03 **우리 집에는** 진돗개가 있습니다.　　　(　　　　　　　)

6-8 바른 글씨로 속담 쓰기

다음 속담을 따라 쓰면서 바른 글씨를 연습합니다. 직선으로 곧게 글씨를 쓰도록 최대한 노력하며 따라 쓴 후 아래 줄에 연습합니다.

01 　속담 풀이　 신의나 정의와 관계없이 자신의 이익만 따져서 하거나 하지 않는다는 뜻이다.

달면 삼키고 쓰면 뱉는다.

02 　속담 풀이　 뻔한 것도 모른다는 뜻으로, 아주 무식함을 나타내는 말이다.

낫 놓고 기역 자도 모른다.

03 　속담 풀이　 아주 가까이 있는 답이나 상황을 모를 때 사용하는 속담이다.

등잔 밑이 어둡다.

04 　속담 풀이　 뜻하지 아니한 상황에서 뜻밖에 입은 재난을 이르는 말이다.

마른하늘에 날벼락

7-1 알면 쓸모 있는 낱말 익히기

 말과 관련된 낱말 찾기

말실수	말참견	말장난	말다툼

01 우리끼리 말하고 있는데 옆 사람이 (   )을 하며 끼어들었다.
다른 사람이 말하는 데 끼어드는 것.

02 내 짝과 성격이 맞지 않아 학기 초에 (   )을 자주 했다.
옳고 그름을 가리기 위해 말로 다투는 일.

03 말을 가지고 재미있게 (   )을 하는 것을 좋아한다.
말을 재미있게 주고받으며 즐기는 일.

04 말을 많이 하는 사람일수록 (   )를 할 가능성이 크다.
말을 조심하지 않아 저지르는 실수.

낱말 초성 퀴즈 1

01 코가 막힌 듯이 내는 소리.

ㅋ	ㅅ	ㄹ

02 얼굴이나 몸에 난 수염이나 잔털을 깎음.

	ㅁ	ㄷ

03 옳고 그르거나 이기고 지는 것을 마지막으로 가려냄.

	결	ㅍ

04 새가 날개를 아래위로 세게 움직이는 행동.

ㄴ	ㄱ	ㅈ

05 특정 학문을 연구하는 사람.

	ㅎ	ㅈ

비의 종류 찾기

장맛비	가랑비	여우비	장대비

01 ( )에 옷 젖는 줄 모른다.

가늘게 내리는 비. 이슬비보다 좀 굵다.

02 ( )가 며칠 동안 계속 내려 비로 인한 피해가 늘고 있다.

여러 날을 계속해서 비가 내리는 장마에 내리는 비.

03 굵은 ( )가 몇 시간 내리쏟아지자 도랑의 물이 넘쳤다.

장대(긴 막대기)처럼 굵고 거세게 좍좍 내리는 비.

04 해가 쨍쨍한 하늘에서 갑자기 ( )가 내리고 있다.

햇볕이 나 있는 날 잠깐 오다가 그치는 비.

낱말 초성 퀴즈 2

01 문의 밑이 닿는 문지방의 윗부분.

문	ㅌ

02 남에게 굽히지 아니하고 자신의 품위를 스스로 지키는 마음.

ㅈ	ㅈ	심

03 끈이나 철사 등으로 고리를 만들어 짐승을 잡는 데 쓰는 도구.

ㅇ	ㄱ	ㅁ

04 덥지 않은 데 몸이 좋지 않아 나는 땀.

ㅅ	ㅇ	ㄸ

05 적이나 상대편의 힘에 눌려 자기 뜻을 굽히고 굴복함.

ㅎ	ㅂ

7-2 어휘력 키우는 비슷한 말과 반대말

비슷한 말끼리 선 긋기 1

1 가렵다   ·

2 가려내라   ·

3 낭송하다   ·

4 잎사귀   ·

· ㄱ 골라내라

· ㄴ 이파리

· ㄷ 읊다

· ㄹ 간지럽다

비슷한 말끼리 선 긋기 2

1 후손   ·

2 간추리다   ·

3 묶다   ·

4 고르다   ·

· ㄱ 매다

· ㄴ 자손

· ㄷ 선정하다

· ㄹ 요약하다

밑줄 친 낱말을 비슷한 말로 바꾸기

01 선생님한테는 항상 <u>높임말</u>로 말해야 한다.

ㅈ	ㄷ	ㅁ

02 옛날에 마을에 <u>돌림병</u>이 돌아 많은 사람이 죽었다.

ㅈ	ㅇ	ㅂ

03 그 책을 어디에 뒀는지 <u>도무지</u> 기억이 나지 않는다.

	도	ㅌ

04 시험 문제에 대한 나의 예상이 <u>명중</u>했다.

ㅈ	ㅈ

반대말끼리 선 긋기 1

❶ 깨우다 ·   · ㉠ 내쉬다

❷ 들이쉬다 ·   · ㉡ 재우다

❸ 세우다 ·   · ㉢ 끌어들이다

❹ 밀어내다 ·   · ㉣ 허물다

 반대말끼리 선 긋기 2

❶ 맞다 ·   · ㉠ 풀다

❷ 매다 ·   · ㉡ 옹졸하다

❸ 너그럽다 ·   · ㉢ 틀리다

❹ 드물다 ·   · ㉣ 흔하다

밑줄 친 낱말을 반대말로 바꾸기

01 새해에는 말 잘 듣는 <u>효자</u>가 되겠습니다.

ㅎ	ㄴ

02 시곗바늘은 항상 <u>우측</u>으로 돈다.

ㅈ	ㅊ

03 동생이 심한 장난을 치다 부모님께 <u>꾸중</u>을 들었다.

ㅊ	ㅊ

04 바이러스가 컴퓨터 고장의 <u>원인</u>이었다.

ㄱ	ㄱ

7-3 표현력 키우는 다양한 낱말 모음

낱말 찾아 문장 완성하기 1

| 귀담아듣지 | 그러안고 | 주저하고 | 휘둥그레졌다 |

01 비가 너무 많이 와서 밖에 나가기를 (   ) 있었다.
선뜻 결정하여 행동하지 못하고 망설이다.

02 일기 예보를 (   ) 않아서 우산을 챙기지 못했다.
주의하여 잘 듣다.

03 꼬마는 커다란 개가 나타나자 놀라서 눈이 (   ).
놀라거나 무서워 눈이 크고 둥그렇게 되다.

04 가방을 빼앗기지 않으려고 꼭 (   ) 있었다.
두 팔로 무엇을 감싸고 껴안다.

낱말 찾아 문장 완성하기 2

| 까딱까딱 | 할짝할짝 | 절룩절룩 | 또닥또닥 |

01 강아지가 잠자는 주인의 얼굴을 (   ) 핥는다.
혀끝으로 조금씩 가볍게 잇따라 핥는 모양.

02 영채가 말없이 손가락을 (   ) 움직이며 나에게 오라고 했다.
고개나 손가락을 아래위로 가볍게 되풀이하여 움직이는 모양.

03 부상당한 선수는 (   ) 걸으며 경기장 밖으로 나왔다.
자꾸 다리를 몹시 절며 걷는 모양.

04 우는 아이를 달래기 위해 등을 (   ) 두드렸다.
잘 울리지 않는 물체를 잇따라 가볍게 두드리는 소리.

낱말 찾아 문장 완성하기 3

으스댄다	대신한다	너풀거리며	내저었다

01 바쁜 아침에는 빵으로 식사를 (   ).

어떤 대상이 맡던 일을 다른 대상이 새로 맡다.

02 반장은 수학 시험을 백 점 받은 것을 자랑하며 (   ).

보기에 좋지 않게 우쭐거리며 뽐내다.

03 선수들이 입장하자 응원단들은 깃발을 힘차게 (   ).

손이나 팔, 손에 든 물건 등을 바깥쪽을 향해 휘두르다.

04 스카프가 갑자기 불어온 바람에 (   ) 날아가 버렸다.

얇은 물체가 바람에 날려 가볍게 자꾸 움직이다.

낱말 찾아 문장 완성하기 4

한들한들	너울너울	팔랑팔랑	대롱대롱

01 나비가 (   ) 춤을 추며 하늘로 날아갔다.

팔이나 날개 따위를 활짝 펴고 위아래로 부드럽게 움직이는 모양.

02 코스모스가 바람에 (   ) 흔들린다.

가볍게 자꾸 이리저리 흔들리는 모양.

03 아이들이 철봉에 (   ) 매달린 채 웃고 있다.

물건이나 사람이 매달려 가볍게 자꾸 흔들리는 모양.

04 바람이 거세게 불어 치마가 (   ) 나부꼈다.

바람에 힘차고 가볍게 계속 흔들리는 모양.

7-4 헷갈리는 맞춤법 완전 정복

 틀린 낱말을 맞춤법에 맞게 고치기

아래 문장에서 밑줄 친 낱말을 맞춤법에 맞게 고쳐 주세요.

01 야영장에 있는 모닥불에 불을 <u>부치고</u> 고구마를 구웠다. (　　　　　　)

02 짐을 한 번에 옮기기 위해 경비실에서 <u>손수래</u>를 빌렸다. (　　　　　　)

03 동생은 <u>돈까스</u>를 좋아하고, 나는 스파게티를 좋아한다. (　　　　　　)

04 해산물 <u>부폐</u>에 가면 꽃게와 새우를 실컷 먹는다. (　　　　　　)

05 살아 있는 개보다는 <u>로보트</u> 강아지를 더 사고 싶다. (　　　　　　)

헷갈리는 낱말에서 맞게 고르기

문장을 잘 읽어 보고 두 개 중 맞춤법에 맞는 낱말을 골라 주세요.

01 간밤에 백구가 새끼 다섯 마리를 [나았다 / 낳았다].

02 아침에 봉사 활동으로 운동장에서 [쓰래기 / 쓰레기]를 주웠다.

03 무슨 일이든 [열심히 / 열심이] 노력하면 좋은 결과를 얻을 수 있다.

04 가만히 앉아서 자신의 [차래 / 차례]를 기다리세요.

05 개울에는 올챙이 수십 마리가 [해엄치고 / 헤엄치고] 있다.

7-5 비슷해 보이지만 서로 다른 낱말

 굳다와 궂다

굳다 : ① 무른 물질이 단단하게 되다.
　　　② 근육, 뼈마디가 뻣뻣하게 되다.
　　　③ 표정, 태도가 딱딱해지다.
궂다 : ① 비나 눈이 내려 날씨가 나쁘다.
　　　② 험하고 나쁘다.

실전 예문

01 인절미 떡이 딱딱하게 (굳었다 / 궂었다).

02 추위에 손발이 (굳었다 / 궂었다).

03 비바람이 치는 (굳은 / 궂은) 날씨라 배를 탈 수 없다.

04 그는 아무리 (굳은 / 궂은) 일이라도 열심히 했다.

 맞추다와 맞히다

맞추다 : ① 떨어져 있는 여러 부분을 알맞은 자리에 대어 붙이다.
　　　② 서로 어긋남이 없이 조화를 이루다.
맞히다 : ① 문제에 대한 답을 옳게 대다.
　　　② 어떤 물체를 쏘거나 던져 다른 물체에 닿다.

실전 예문

01 사격 게임에서 인형을 (맞춰 / 맞혀) 떨어뜨리면 갖는다.

02 퍼즐 500개를 하루 안에 (맞추기 / 맞히기)는 어렵다.

03 퀴즈 10개를 모두 (맞추면 / 맞히면) 상품을 받는다.

04 돈키호테는 세상에 (맞추어 / 맞히어) 사는 것을 거부했다.

7-6 두 낱말로 새로운 낱말 만들기

 쪼갤 수 없는 낱말들

다음 낱말들은 더는 나누어지지 않습니다.

| 학교 | 책상 | 의자 | 연필 | 가방 |

 쪼갤 수 있는 낱말들

사과나무는 '사과'와 '나무'가 합쳐져 '사과나무'라는 새로운 낱말이 되었습니다. 이처럼 서로 다른 뜻을 가진 낱말이 합쳐져 새로운 뜻의 낱말을 만들 수 있습니다. 다음 낱말들을 쪼개어 보세요.

실전 예문

사과나무 = 사과 + 나무

01

붕어빵 = ☐ + ☐

02

책가방 = ☐ + ☐

03

물병 = ☐ + ☐

04

밥그릇 = ☐ + ☐

7-7 낱말에 뜻을 더해 주는 말 1

앞에서 공부한 쪼갤 수 있는 낱말은 두 개의 낱말이 합쳐져 새로운 낱말이 되었습니다. 여기에서 배울 낱말은 쪼갤 수는 있지만 혼자서는 쓸 수 없습니다. 다른 낱말에 붙어 낱말의 뜻을 더해 주는 낱말을 배워 보겠습니다.

 ### 낱말의 뜻을 더해 주는 '햇'과 '풋'

'햇'과 '풋'은 혼자서는 쓸 수 없는 낱말로, 다른 낱말과 합쳐지면 새로운 뜻을 더해 줍니다.

햇	'그해에 수확한, 얼마 되지 않은'의 뜻. **햇감자** : 감자에 '햇'을 붙이면 수확한 지 얼마 되지 않은 감자.

01 그해에 새로 난 과일. → (   )

02 그해에 새로 난 곡식. → (   )

03 새로 부화한 병아리. → (   )

하지만 그 해에 수확한 쌀은 '햇쌀'이 아니라 '햅쌀'로 씁니다. 햇쌀이 발음하기 어려우므로 '햅쌀'로 표기합니다.

풋	낱말 앞에 붙이면 '덜 익은'이라는 뜻이 추가됨. **풋과일** : 과일에 '풋'을 붙이면 덜 익은 과일이라는 뜻이 됨.

04 아직 익지 않은 푸른 고추.   → (   )

05 깍지 속에 들어 있어 아직 덜 익은 콩. → (   )

06 아직 덜 익은 사과.   → (   )

7-8 낱말에 뜻을 더해 주는 말 2

낱말의 뜻을 더해 주는 '맨, 헛, 한'

| 맨 | 아무 다른 것이 없다는 뜻.
맨손 : 아무것도 끼거나 지니지 않은 손. |

01 아무것도 쥐고 있지 않은 주먹. → (   )

02 아무것도 깔려 있지 않은 땅바닥. → (   )

03 양말이나 신발 등을 신지 않은 발. → (   )

| 헛 | 낱말 앞에 붙이면 '근거 없는, 보람 없는'이라는 뜻이 추가됨.
헛걸음 : 아무런 보람도 없이 고생함. |

| 한 | ① 낱말 앞에 붙이면 '큰'이라는 뜻이 추가됨.
한걱정 : 큰 걱정
② 낱말 앞에 붙이면 '정확한, 한창인' 뜻이 추가됨.
한가운데 : 어떤 장소나 시간, 상황 등의 바로 가운데. |

실전 예문 아래 보기에 **헛**과 **한**을 붙여 맞는 낱말을 쓰세요.

04 근거 없는 소문. → (   )

05 실속이나 보람도 없이 고생하는 것. → (   )

06 추위가 가장 심할 무렵의 겨울. → (   )

07 깊은 밤을 의미함. → (   )

보 기

| 고생 | 소문 | 밤중 | 겨울 |

7-9 바른 글씨로 속담 쓰기

다음 속담을 따라 쓰면서 바른 글씨를 연습합니다. 직선으로 곧게 글씨를 쓰도록 최대한 노력하며 따라 쓴 후 아래 줄에 연습합니다.

01 속담 풀이 아무리 훌륭하고 귀한 것이라도 쓸모 있게 만들어야 값어치가 있다.

구슬이 서 말이라도 꿰어야 보배.

02 속담 풀이 바늘을 훔치던 사람이 나중에는 소까지도 훔친다는 뜻으로, 작은 나쁜 짓도 자꾸 하게 되면 큰 죄를 저지르게 된다.

바늘 도둑이 소도둑 된다.

03 속담 풀이 말만 잘하면 어려운 일이나 불가능해 보이는 일도 해결할 수 있다.

말 한마디에 천 냥 빛도 갚는다.

04 속담 풀이 흰 종이도 함께 들면 낫다는 의미로 쉬운 일이라도 협력하여서 하면 훨씬 쉽다.

백지장도 맞들면 낫다.

맞춤법 · 어휘력 국어 실력 8단원

8-1 알면 쓸모 있는 낱말 익히기

열매, 과일, 과실

과일	과실	열매

나무의 꽃이 지고 난 뒤에 그 자리에 생기는 결실을 (❶)라고 합니다. (❶)는 먹을 수 있는 것과 먹을 수 없는 것이 있습니다. 식물의 열매 중에서 먹을 수 있고, 사람이 직접 농사지어 먹는 것을 (❷)이라고 합니다. 밤, 호두, 잣, 은행과 같이 먹을 수 있는 딱딱한 열매를 (❸)이라고 합니다.

❶ (   )   ❷ (   )   ❸ (   )

낱말 초성 퀴즈 1

01 거래에서 서로 지켜야 할 의무나 책임을 문서에 적어 약속함.

ㄱ	ㅇ

02 시험이나 선발, 선거 등에서 떨어짐.

ㄴ	ㅂ

03 슬프거나 힘든 일이 있을 때 심하게 한숨을 쉼.

ㅌ	식

04 행복을 빌어 주는 마음.

ㅊ	ㅂ

낱말 찾아 문장 완성하기

몇몇 낱말 뒤에 '보'를 붙이면 그것의 특성을 가진 사람을 의미합니다.

느림보	먹보	털보	울보

01 미련스럽게 음식을 많이 먹거나 음식 욕심이 많은 사람.　　(　　　　　　　)

02 잘 우는 아이를 이르는 말.　　(　　　　　　　)

03 몸에 털이나 수염이 많은 사람.　　(　　　　　　　)

04 게으르거나 움직임이 느린 사람 또는 동물.　　(　　　　　　　)

낱말 초성 퀴즈 2

01 사람으로서 갖추고 있는 타고난 성품이나 됨됨이.

인	ㅍ

02 옳고 그름이나 좋고 나쁨을 판단하여 결정함.

판	ㄱ

03 자잘하고 약은 꾀.

ㅈ	ㄲ

04 울려고 하는 표정.

ㅇ	ㅅ

05 남의 부족한 점이나 잘못 등을 들추어 헐뜯는 말.

험	ㄷ

06 남을 속이는 행동이나 방법.

ㅅ	ㅇ	수

8-2 어휘력 키우는 비슷한 말과 반대말

 비슷한 말끼리 선 굿기 1

❶ 별안간 ·　　　　　 · ㄱ 가끔

❷ 이따금 ·　　　　　 · ㄴ 갑자기

❸ 간신히 ·　　　　　 · ㄷ 가여운

❹ 딱한 ·　　　　　 · ㄹ 가까스로

 비슷한 말끼리 선 굿기 2

❶ 지키다 ·　　　　　 · ㄱ 발생하다

❷ 유희 ·　　　　　 · ㄴ 군것질

❸ 일어나다 ·　　　　 · ㄷ 보호하다

❹ 주전부리 ·　　　　 · ㄹ 놀이

 밑줄 친 낱말을 비슷한 말로 바꾸기

01 범인에 대한 그의 생각은 어디까지나 <u>추측</u>일 뿐이다.

ㅈ	작

02 형은 먼저 잡는 사람이 <u>임자</u>라며 장난감을 집었다.

ㅈ	ㅇ

03 어머니의 <u>희생</u> 덕분에 우리는 잘 자라고 있다.

헌	ㅅ

04 노을로 물든 <u>해안가</u>를 거닐며 일몰을 감상했다.

ㅂ	ㄷ	ㄱ

반대말끼리 선 긋기 1

❶ 비범하다 ·　　　　　　　· ㉠ 일치하다

❷ 상반되다 ·　　　　　　　· ㉡ 평범하다

❸ 상승하다 ·　　　　　　　· ㉢ 호전되다

❹ 악화되다 ·　　　　　　　· ㉣ 하강하다

 반대말끼리 선 긋기 2

❶ 미루다　·　　　　　　　· ㉠ 풀다

❷ 유익하다 ·　　　　　　　· ㉡ 부인하다

❸ 인정하다 ·　　　　　　　· ㉢ 무익하다

❹ 감다　　·　　　　　　　· ㉣ 앞당기다

 밑줄 친 낱말을 반대말로 바꾸기

01 이 가게 <u>주인</u>이 누구세요?

ㅅ	ㄴ

02 그 유명한 빵집은 골목 <u>끝</u>에 있습니다.

ㅅ	ㅈ

03 갯벌에서 놀다가 <u>밀물</u>이 들어오자 서둘러 나왔다.

ㅆ	ㅁ

04 영우는 몸이 아파 학교에 <u>결석</u>했다.

ㅊ	ㅅ

8-3 표현력 키우는 다양한 낱말 모음

 낱말 찾아 문장 완성하기 1

꿈적하지	뭉그적거렸다	파헤쳤다	캐물었다

01 날씨도 춥고 피곤해 온종일 이불 속에서 (   ).
　　큰 움직임 없이 제자리에서 게으르게 행동하다.

02 아침에 오빠를 아무리 깨워도 (   ) 않는다.
　　몸이 둔하고 느리게 움직이다.

03 어머니는 학원을 빠진 이유에 대하여 꼬치꼬치 (   ).
　　자세히 끈질기게 묻다.

04 10년 전에 묻은 타임캡슐을 찾기 위해 땅을 (   ).
　　속에 있는 것이 드러나도록 파서 겉으로 나오게 하다.

낱말 찾아 문장 완성하기 2

차근차근	수군수군	소곤소곤	재잘재잘

01 선생님은 학생들이 이해하기 쉽도록 (   ) 설명하셨다.
　　말이나 행동 등을 아주 찬찬하고 조리 있게 하는 모양.

02 쉬는 시간마다 교실은 학생들의 (   ) 떠드는 소리로 가득 찬다.
　　낮고 빠른 목소리로 조금 시끄럽게 자꾸 이야기하는 소리나 모양.

03 선생님이 수학여행 장소를 발표하자 아이들이 (   ) 하였다.
　　여러 명이 낮은 목소리로 남이 알아듣지 못하게 이야기하는 소리나 모습.

04 버스 뒷자리에 앉은 두 명은 계속 (   ) 귓속말을 나누었다.
　　적은 수가 모여 작은 목소리로 남이 듣지 못하게 이야기하는 소리나 모습.

낱말 찾아 문장 완성하기 3

| 서둘러서 | 시샘하는 | 이어받은 | 맞장구치며 |

01 무엇이든 잘하는 경수를 ( ) 아이들이 많다.
자기보다 나은 사람을 이유 없이 싫어하다.

02 아버지는 조상 대대로 ( ) 땅을 팔지 않았다.
앞서 해 오던 일 또는 그 정신 등을 전하여 받다.

03 신하들은 왕의 말에 무조건 ( ) 비위를 맞췄다.
남의 말에 옳다고 호응하거나 동의하다.

04 학교에 지각할까 봐 ( ) 밥을 먹기 시작했다.
일을 빨리하려고 급하게 행동하다.

 낱말 찾아 문장 완성하기 4

| 오순도순 | 얼렁뚱땅 | 아롱다롱 | 띄엄띄엄 |

01 동생은 늦은 이유를 말하지 않고 ( ) 넘어갔다.
어떤 말이나 상황을 남이 모르는 사이에 슬쩍 넘겨 버리는 모양.

02 다양한 봄꽃들이 ( ) 울긋불긋 아름답게 보인다.
여러 가지 빛깔의 모여서 촘촘하게 무늬를 이룬 모양.

03 할머니가 사시는 동네는 집들이 ( ) 떨어져 있다.
사이가 붙어 있거나 가깝지 않고 조금 떨어져 있는 모양.

04 아이들이 ( ) 모여 앉아 도시락을 먹고 있다.
정답게 이야기를 하거나 사이좋게 지내는 모양.

낱말 찾아 문장 완성하기 5

| 그까짓 | 이따금 | 함부로 | 슬며시 |

01 내가 어머니께 꾸중을 듣는 동안 동생은 ( ) 자리를 피했다.
　남의 눈에 띄지 않게 은근하고 천천히.

02 중학생이 되어 초등학생도 푸는 ( ) 문제도 못 풀다니.
　겨우 그만한 정도의.

03 언니는 자면서 ( ) 잠꼬대를 심하게 한다.
　어쩌다가 가끔.

04 현규는 신중한 사람이니 이 사실을 ( ) 말하지 않을 것이다.
　조심하거나 깊이 생각하지 않고 마구.

 낱말 찾아 문장 완성하기 6

| 번갈아 | 남몰래 | 게다가 | 괜스레 |

01 직접 해 보면 이렇게 쉬운 일을 ( ) 겁을 먹고 망설였다.
　특별한 이유나 실속이 없는 데가 있게.

02 유민이는 착하고 예쁜데 ( ) 공부도 잘해 인기가 많다.
　그러한 데다가.

03 먼 거리라서 두 사람이 ( ) 가며 운전했다.
　차례대로 한 번씩.

04 할아버지는 지난 십 년간 ( ) 어려운 이웃을 돕고 계셨다.
　다른 사람이 모르게.

8-4 헷갈리는 맞춤법 완전 정복

틀린 낱말을 맞춤법에 맞게 고치기

아래 문장에서 밑줄 친 낱말을 맞춤법에 맞게 고쳐 주세요.

01 사촌 동생이랑 <u>블럭</u>을 쌓아 멋진 탑을 만들었다.　　(　　　　　　)

02 일요일마다 아빠는 <u>쇼파</u>에 누워 텔레비전을 보신다.　(　　　　　　)

03 오늘 급식에 맛있는 <u>소세지</u> 반찬이 나왔다.　　　　(　　　　　　)

04 간단한 것을 살 땐 동네 <u>수퍼마켓</u>을 찾는다.　　　　(　　　　　　)

05 이 레스토랑에서는 감자 <u>스프</u>가 가장 맛있다.　　　(　　　　　　)

헷갈리는 낱말에서 맞게 고르기

문장을 잘 읽어 보고 두 개 중 맞춤법에 맞는 낱말을 골라 주세요.

01 숙제를 하지 않아 친구 것을 그대로 보고 $\left[\begin{array}{c} 베꼈다 \\ 배꼈다 \end{array}\right]$.

02 완성된 오므라이스에 토마토 $\left[\begin{array}{c} 케첩 \\ 케찹 \end{array}\right]$ 을 뿌려서 먹었다.

03 열 번째 생일이라 $\left[\begin{array}{c} 케이크 \\ 케잌 \end{array}\right]$ 에 열 개의 초를 꽂았다.

04 윤아는 $\left[\begin{array}{c} 책꼬지 \\ 책꽂이 \end{array}\right]$ 에서 읽고 싶은 책 한 권을 골랐다.

05 아주 먼 옛날 $\left[\begin{array}{c} 햇님 \\ 해님 \end{array}\right]$ 과 달님이 있었어요.

8-5 비슷해 보이지만 서로 다른 낱말

 빻다와 찧다

> **빻다** : 마른 곡물이나 단단한 물건을 여러 번 내리쳐 가루로 만들다.
>
> **찧다** : ① 물기가 있는 것을 여러 번 내리쳐 으깨다.
> ② 곡식(쌀, 보리)의 껍질을 제거하기 위해 내리치다.
> ③ 무거운 물건에 세게 부딪치다.

실전 예문

01 오래된 쌀을 (빻아 / 찧어) 쌀가루로 만들었다.

02 할머니는 조그만 절구에 마늘을 (빻고 / 찧고) 계셨다.

03 말린 고추를 (빻으면 / 찧으면) 고춧가루가 된다.

04 책장의 책이 떨어지면서 발등을 (빻았다 / 찧었다).

 때깔과 빛깔

> **때깔** : 겉으로 드러나는 보기 좋은 모양과 맵시.
>
> **빛깔** : 빛을 받아 나타나는 물체의 색.

실전 예문

01 어제 사 온 복숭아는 겉보기에 (때깔 / 빛깔)만 좋았지 속은 썩었다.

02 노을이 비친 호수는 온통 붉은 (때깔 / 빛깔)을 띠고 있다.

03 울긋불긋한 가을 산의 (때깔 / 빛깔)이 참 곱다.

04 선물로 받은 사과들이 탐스럽고 (때깔 / 빛깔)도 좋다.

-장이와 -쟁이

| **-장이** | 어떤 일과 관련된 기술을 가진 사람.
양복장이 : 양복을 만드는 일을 직업으로 하는 사람. |
| **-쟁이** | 어떤 사람의 독특한 습관, 행동, 성질 등을 나타냄.
멋쟁이 : 멋을 잘 부리는 사람. |

실전 예문 아래 설명하는 사람에 **-장이**와 **-쟁이** 중 골라 완성하세요.

01 쓸데없이 말이 많은 사람. → (   )

02 욕심이 많은 사람. → (   )

03 옹기 만드는 일을 직업으로 하는 사람. → (   )

04 쇠를 녹여 연장이나 기구를 만드는 사람. → (   )

-꾼과 -꾸러기

| **-꾼** | 어떤 일을 잘하거나 전문적으로 하는 사람.
장사꾼 : 물건을 파는 일을 직업으로 하는 사람. |
| **-꾸러기** | 어떤 것이 심하거나 많은 사람을 의미함.
장난꾸러기 : 장난이 심한 사람. |

실전 예문 아래 밑줄에 **-꾼**과 **-꾸러기** 중 맞는 것을 골라 쓰세요.

01 농사_____

02 말썽_____

03 사냥_____

04 욕심_____

8-6 띄어쓰기에 따라 달라지는 낱말

같은 모양의 낱말이라도 띄어 쓸 때와 붙여 쓸 때 의미가 달라집니다.

큰집	집안의 맏이가 사는 집. 큰아버지 댁. 예 설날에는 친척 모두 큰집에 모인다.
큰 집	아주 넓은 집. 예 마당이 있는 큰∨집에서 살고 싶다.

01 삼형제중에서큰형이가장키가작다.

02 저형이우리학교에서키가가장큰형이다.

한번	어떤 일을 시험 삼아 시도함을 나타내는 말. 예 어디 한번 먹어 볼까?
한 번	한 번, 두 번 횟수의 의미일 때는 띄어 씀. 예 이번 한∨번만 용서해 주세요.

03 일주일에한번은마음껏놀면좋겠다.

04 우리집에한번놀러오세요.

8-7 바른 글씨로 속담 쓰기

다음 속담을 따라 쓰면서 바른 글씨를 연습합니다. 직선으로 곧게 글씨를 쓰도록 최대한 노력하며 따라 쓴 후 아래 줄에 연습합니다.

01 속담 풀이 아무리 뜻이 굳은 사람이라도 여러 번 권하거나 계속 꾀어내면 결국은 마음이 변한다는 말이다.

열 번 찍어 아니 넘어가는 나무 없다.

02 속담 풀이 '소를 도둑맞은 다음 외양간을 고친다'는 뜻으로, 일이 이미 잘못된 뒤에는 손을 써도 소용이 없음을 말한다.

소 잃고 외양간 고친다.

03 속담 풀이 '입으로 하는 말은 비록 발은 없지만 천 리 밖까지도 순식간에 퍼진다'는 뜻으로, 말을 조심해야 한다는 뜻이다.

발 없는 말이 천 리 간다.

04 속담 풀이 '어릴 때 몸에 밴 습관은 늙어 죽을 때까지 고치기 힘들다'는 뜻으로, 어릴 때부터 나쁜 버릇이나 습관이 들지 않도록 해야 한다.

세 살 적 버릇이 여든까지 간다.

맞춤법 • 어휘력 국어 실력 9단원

9-1 알면 쓸모 있는 낱말 익히기

 날짜를 순우리말로 세어 보기

이번에는 1일부터 10일까지 순우리말로 세는 방법을 알아보겠습니다. 빈칸에 순우리말 날짜를 쓰면서 익히세요.

1일	2일	3일	4일	5일	6일	7일	8일	9일	10일
하루	이틀	사흘	나흘	닷새	엿새	이레	여드레	아흐레	열흘
하루									

실전 예문 아래 밑줄 친 날짜를 순우리말로 바꿔 주세요.

01 지후는 <u>2일</u>에 한 번은 반드시 목욕한다. ( )

02 비는 <u>3일</u> 동안 계속 내렸다. ( )

03 여름휴가 중 <u>4일</u>을 고향에서 보냈다. ( )

04 우리 <u>5일</u> 뒤에 다시 만납시다. ( )

05 방학한 지 <u>6일</u>이 지났다. ( )

 낱말 초성 퀴즈 1

01 혼자 따로 떨어져 있는 집.

외	ㄸ	ㅈ

02 어떤 것의 둘레나 끝이 되는 부분.

가	ㅈ	ㅈ	ㄹ

03 물건을 넣도록 나무로 네모나게 만든 상자.

	ㄱ	짝

[어제의 전날]과 [내일의 다음 날]을 뭐라고 하지?

오늘을 기준으로 과거인 2일 전, 3일 전 등을 부르는 우리말과 미래인 2일 후, 3일 후 등을 부르는 우리말을 알아보겠습니다.

그끄저께	그저께	어제	**오늘**	내일	모레	글피	그글피
5.7	5.8	5.9	**5.10**	5.11	5.12	5.13	5.14

실전 예문 위의 도표를 참고하여 밑줄 친 부분의 정확한 날짜를 쓰세요.

<u>오늘</u>은 부모님 결혼기념일이다. → (5 월 10 일)

01 오늘은 시간이 맞지 않아 <u>어제</u> 외식을 했다. → (월 일)

02 <u>그끄저께</u> 언니와 함께 선물을 사고 → (월 일)

03 <u>그저께</u> 선물을 포장했다. → (월 일)

04 <u>글피</u>에 수학 시험을 보니 → (월 일)

05 <u>내일</u>부터는 공부해야겠다. → (월 일)

06 <u>그글피</u>에는 시험이 끝난 기념으로 → (월 일)
영화를 보기로 했다.

낱말 초성 퀴즈 2

01 두 사람이 서로 상대의 샅바를 잡고 먼저 넘어뜨리는 쪽이 이기는 한국의 민속 운동.

ㅆ	ㄹ

02 곤충의 애벌레가 성충이 되기 전에 한동안 아무것도 먹지 않고 굳은 껍질 속에 들어가 있는 것.

ㅂ	ㄷ	ㄱ

9-2 어휘력 키우는 비슷한 말과 반대말

비슷한 말끼리 선 긋기 1

❶ 흥미 ·
❷ 터지다 ·
❸ 의젓하다 ·
❹ 낱낱이 ·

· ㉠ 폭발하다
· ㉡ 점잖다
· ㉢ 샅샅이
· ㉣ 관심

비슷한 말끼리 선 긋기 2

❶ 냄새 ·
❷ 느낌 ·
❸ 도로 ·
❹ 수발 ·

· ㉠ 기분
· ㉡ 시중
· ㉢ 다시
· ㉣ 내음

밑줄 친 낱말을 비슷한 말로 바꾸기

01 화가 난 엄마가 전화로 <u>당장</u> 들어오라고 하셨다.

ㅈ	ㅅ

02 회장의 중요한 <u>역할</u>은 학급 회의를 잘 이끄는 것이다.

ㅇ	ㅁ

03 선생님께서 실내화에 <u>이름</u>을 꼭 쓰라고 하셨다.

ㅅ	ㅁ

04 수학 1번 문제의 곱셈 <u>부호</u>를 덧셈으로 착각했다.

ㄱ	ㅎ

반대말끼리 선 긋기 1

❶ 두껍다 ·   · ㄱ 시시하다

❷ 오목하다 ·   · ㄴ 볼록하다

❸ 합치다 ·   · ㄷ 얄팍하다

❹ 흥미롭다 ·   · ㄹ 가르다

반대말끼리 선 긋기 2

❶ 상승 ·   · ㄱ 소멸

❷ 생성 ·   · ㄴ 결여

❸ 성숙 ·   · ㄷ 미숙

❹ 충분 ·   · ㄹ 하강

밑줄 친 낱말을 반대말로 바꾸기

01 졸업하는 <u>선배</u>들에게 꽃 선물을 주었다.

ㅎ	ㅂ

02 경기장 <u>입구</u>부터 줄이 길게 늘어서 있다.

ㅊ	ㄱ

03 어젯밤 <u>거인</u>이 나타나는 꿈을 꾸었다.

ㅅ	ㅇ

04 훌륭한 왕은 진정한 <u>충신</u>을 가까이 둔다.

ㄱ	ㅅ

9-3 표현력 키우는 다양한 낱말 모음

 낱말 찾아 문장 완성하기 1

| 촉구하는 | 호통치며 | 다그치면 | 채찍질해야 |

01 숙제를 빨리하라고 (   ) 아이들은 오히려 더 하기 싫어진다.
어떤 일이나 행동 등을 하도록 몰아붙이다.

02 아버지는 아이가 나쁜 행동을 할 때마다 (   ) 벌을 주었다.
크게 꾸짖거나 혼을 내다.

03 일제의 만행에 대한 사죄를 (   ) 집회가 수요일마다 열린다.
어떤 일을 급하게 빨리하도록 청하다.

04 원하는 목표에 도달하려면 자신을 스스로 (   ) 한다.
몹시 재촉하여 다그치거나 힘이 나도록 북돋아 주다.

 낱말 찾아 문장 완성하기 2

| 하마터면 | 까딱하면 | 기왕이면 | 물끄러미 |

01 밤에는 조심해서 운전하세요. (   ) 사고가 날 수 있어요.
조금이라도 잘못되면 어떤 일이 발생할지를 말할 때 쓰는 표현.

02 신호등만 보고 급히 뛰다가 (   ) 차에 치일 뻔했다.
위험한 상황을 겨우 벗어났을 때 쓰는 말이다.

03 아버지는 곤하게 잠든 아이를 한참 동안 (   ) 내려다보았다.
가만히 한 자리에서 한 곳만 바라보는 모양.

04 외국 여행을 온 김에 (   ) 그 나라의 현지 음식을 먹어 보자.
어차피 그렇게 된 바에는.

낱말 찾아 문장 완성하기 3

몰아쳐서	조르고	가로지르는	독촉하는

01 엄마에게 놀이공원에 가자고 (　　　　　　) 있는 중이다.

　　누구에게 무엇을 해 달라고 자꾸 요구하다.

02 밤사이 천둥과 번개가 (　　　　　) 잠을 잘 수 없었다.

　　한꺼번에 몰려 닥치다.

03 연체한 책의 반납을 (　　　　　) 문자가 여러 번 왔다.

　　어떤 것을 빨리 하도록 심하게 재촉하다.

04 산을 (　　　　　) 터널이 생겨 예전보다 한 시간 빨리 간다.

　　어떤 곳을 가로 등의 방향으로 질러 지나다.

 낱말 찾아 문장 완성하기 4

틀림없이	끊임없이	걸핏하면	제멋대로

01 여름철 물놀이 사고가 (　　　　　) 이어지고 있다.

　　계속하거나 이어져 있던 것이 끊이지 아니하게.

02 전화를 받지 않는 것을 보니 (　　　　　) 자는 거야.

　　조금도 틀리거나 어긋나는 일이 없이.

03 옆집 아이는 버릇없이 (　　　　　) 행동한다.

　　아무렇게나 마구. 자기가 하고 싶은 대로.

04 누나는 사춘기가 왔는지 (　　　　　) 짜증을 낸다.

　　무슨 일이 조금이라도 있기만 하면 바로.

9-4 헷갈리는 맞춤법 완전 정복

틀린 낱말을 맞춤법에 맞게 고치기

아래 문장에서 밑줄 친 낱말을 맞춤법에 맞게 고쳐 주세요.

01 계곡물에 발을 <u>담구니</u> 시원하다.   (   )

02 흐르는 물에 손을 깨끗이 <u>닥고</u> 밥 먹자.   (   )

03 낯선 곳이었고, <u>더우기</u> 캄캄한 밤이었다.   (   )

04 공원에서는 잔디밭에 <u>돗자리</u>를 깔고 앉아도 된다.   (   )

05 강사의 목소리가 작아서 <u>뒤사람</u>에게는 안 들린다.   (   )

헷갈리는 낱말에서 맞게 고르기

문장을 잘 읽어 보고 두 개 중 맞춤법에 맞는 낱말을 골라 주세요.

01 학교 앞에서 자주 사 먹었던 [떡볶기 / 떡볶이] 가 먹고 싶다.

02 현관문에 복을 비는 작은 종을 [메달아 / 매달아] 놓았다.

03 고춧가루를 실수로 많이 넣어 찌개가 [멥다 / 맵다].

04 하얀 눈이 쌓인 길을 걷다 보면 [발자국 / 발자욱] 길이 생긴다.

05 축제 기간에는 차들이 다니지 못하도록 길을 [막어 / 막아] 놓는다.

9-5 비슷해 보이지만 서로 다른 낱말

 무치다와 묻히다

> **무치다** : 나물 따위에 갖은양념을 넣고 골고루 한데 뒤섞다.
>
> **묻히다** : [기본형은 묻다]
> ① 액체나 가루 등이 다른 물체에 들러붙거나 흔적이 남다.
> ② 다른 물질로 덮여 가려지다.

실전 예문

01 콩나물을 맛있게 (무치다 / 묻히다).

02 색칠하고 남은 물감을 손에 (무치고 / 묻히고) 놀았다.

03 된장 양념에 (무친 / 묻힌) 시금치나물이 맛있다.

04 산사태로 산 아래 있던 집이 흙 속에 (무쳤다 / 묻혔다).

 바뀌다와 변하다

> **바뀌다** : [기본형은 바꾸다] 원래 있던 것을 없애고 다른 것으로 채워 넣거나 대신하게 하다.
>
> **변하다** : 무엇이 완전 다른 것이 되거나 전혀 다른 성질로 달라지다.

실전 예문

01 울부짖던 야수가 갑자기 젊은 왕자로 (바뀠다 / 변했다).

02 신호가 파란불로 (바뀌고 / 변하고) 바로 달리면 안 된다.

03 하늘이 희뿌옇게 (바뀌고 / 변하고) 어두워졌다.

04 연우가 머리 모양이 (바뀌니 / 변하니) 완전히 다른 사람 같다.

늘이다와 늘리다

> **늘이다 :** ① 어떤 것을 원래보다 더 길게 하다. 힘으로 당겨 길게 하다.
> ② 아래로 길게 처지게 하다.
>
> **늘리다 :** 원래보다 더 많거나 크게 하다.

실전 예문

01 형과 같은 체험을 하기 위해 나이를 (늘여 / 늘려) 말했다.

02 고무줄을 힘껏 잡아당겨 (늘였다가 / 늘렸다가) 놓았다.

03 내 짝은 너무 말라 몸무게를 (늘이는 / 늘리는) 것이 목표다.

04 창문을 가리기 위해 커튼을 풀러 아래로 (늘였다 / 늘렸다).

 시키다와 식히다

> **시키다 :** 어떤 일이나 행동을 하게 하다.
>
> **식히다 :** 더운 기운을 없애다.

실전 예문

01 차가 뜨거우니 (시켜서 / 식혀서) 마셔요.

02 누나는 자주 심부름을 (시킨다 / 식힌다).

03 사회자가 노래를 (시키면 / 식히면) 불러야 한다.

04 찌개가 너무 뜨거우니 좀 (시켜서 / 식혀서) 드세요.

9-6 원고지 쓰는 방법 완벽하게 이해하기

 원고지 쓰기 기본 규칙

여기에서는 원고지에 글을 쓸 때 알아야 하는 기본 규칙을 배워 보겠습니다.

01 한 칸에 한 글자씩만 쓰세요.

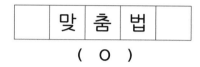
(O)

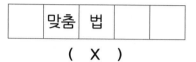
(X)

02 글을 처음 시작할 때는 첫 칸을 비우세요.

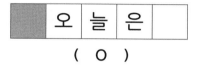
(O)

(X)

03 띄어쓰기 해야 하는 곳에서는 한 칸을 비웁니다.

	오	늘	은		날	이		좋	습	니	다	.			

 원고지 쓰기 실전 연습 1

앞에서 배운 규칙을 참고하여 아래 내용을 원고지 형식에 맞게 옮겨 쓰세요.

바다에 사는 해마는 진공청소기처럼 생긴 긴 입으로 아주 작은 동물을 빨아들입니다.

원고지에 옮겨 쓰기

😺 원고지에 문장 부호 쓰기

01 문장 부호도 한 칸에 하나씩 씁니다.

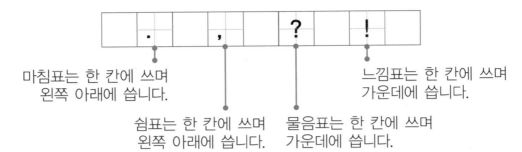

마침표는 한 칸에 쓰며
왼쪽 아래에 씁니다.

느낌표는 한 칸에 쓰며
가운데에 씁니다.

쉼표는 한 칸에 쓰며
왼쪽 아래에 씁니다.

물음표는 한 칸에 쓰며
가운데에 씁니다.

02 닫는 따옴표와 마침표는 한 칸에 씁니다.

큰따옴표와 작은따옴표도 각각 한 칸에 씁니다. 여는 따옴표 ' , " 는 오른쪽 위에 쓰고, 닫는 따옴표 ' , " 는 왼쪽 위에 씁니다. 만약 닫는 따옴표 ' 와 " 가 마침표와 함께 쓰이면 한 칸에 같이 씁니다.

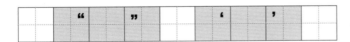

→ 큰따옴표와 작은따옴표는 각각 한 칸에 씁니다.

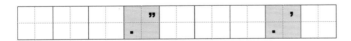

→ 닫는 따옴표와 마침표가 함께 쓰일 때는 한 칸에 같이 씁니다.

😺 원고지 쓰기 실전 연습 2

01 정답은 '포유류'입니다.

02 "어머나, 징그러워!"

03 "연우야 밥 먹어라."

9-7 바른 글씨로 속담 쓰기

다음 속담을 따라 쓰면서 바른 글씨를 연습합니다. 직선으로 곧게 글씨를 쓰도록 최대한 노력하며 따라 쓴 후 아래 줄에 연습합니다.

01 　속담 풀이　아궁이에 불을 땠기 때문에 굴뚝에서 연기가 나오는 것처럼, 모든 일에는 반드시 그런 일이 일어날 만한 원인이 있다는 뜻이다.

아니 땐 굴뚝에 연기 날까.

02 　속담 풀이　'겨자를 먹으면 매워서 눈물이 나지만 참고 먹는다' 라는 뜻으로, 하기 싫은 일을 참고 해야만 할 때 사용한다.

울며 겨자 먹기.

03 　속담 풀이　약은 입에는 쓰지만 병이 낫게 도와주듯, 자기에 대한 충고가 당장은 듣기 싫지만 받아들이면 자신에게 도움이 된다는 뜻이다.

입에 쓴 약이 병에는 좋다.

04 　속담 풀이　아무리 작은 것이라도 모이면 나중에 큰 덩어리가 됨을 말한다.

티끌 모아 태산.

10-1 알면 쓸모 있는 낱말 익히기

 낱말 찾아 문장 완성하기 1

| 터무니 | 아랑곳 | 조바심 | 얼떨결 |

01 옆에서 아무리 떠들어도 (   ) 않고 열심히 책을 읽었다.
　어떤 일에 관심을 두거나 신경 쓰는 일.

02 명품 가방도 아닌데 가격이 (   )가 없이 비싸다.
　올바르고 마땅한 근거나 이유.

03 급하게 문을 두드리는 소리에 놀라 (   )에 문을 열었다.
　어떤 일이 뜻밖이거나 복잡해 정신을 제대로 차리지 못한 사이.

04 날이 어두워지는데 돌아오지 않는 아이 때문에 (   )이 났다.
　조마조마하여 마음을 졸임.

 낱말 초성 퀴즈 1

01 얼굴이나 머리, 옷차림 등을 예쁘게 꾸밈.

| 단 | ㅈ |

02 곡식을 해치는 동물을 막기 위해 논밭에
세우는 사람 모양의 물건.

| ㅎ | ㅅ | ㅇ | ㅂ |

03 땅속에서 솟아 나오는 물.

| ㅅ | ㅁ |

04 옛날부터 전해 내려오는 이야기.

| ㅈ | ㅅ |

낱말 찾아 문장 완성하기 2

안간힘	단번에	해코지	한시름

01 부모님은 상의도 없이 이사를 (   ) 결정하셨다.
　　한 번에 바로.

02 올림픽 대회에서 금메달을 따기 위해 (   )을 썼다.
　　목표한 일을 이루기 위해 몹시 애쓰는 힘.

03 문제를 해결할 방법을 찾게 되어 (   )을 덜었다.
　　큰 걱정.

04 자신보다 힘이 약하다고 남을 (   )해서는 안 된다.
　　남을 괴롭히거나 해치려고 하는 짓.

 낱말 초성 퀴즈 2

01 새가 알을 낳거나 깃들이는 곳.
　　지내기에 매우 포근하고 아늑한 곳을 이르는 말.

보	ㄱ	ㅈ	ㄹ

02 바위가 아주 높이 솟아 있는 가파른 낭떠러지.

ㅈ	ㅂ

03 생물의 한 종류가 지구에서 완전히 없어짐.

ㅁ	ㅈ

04 다른 것이 닿거나 묻어 생긴 자리.

자	ㄱ

05 땅이 아래로 우묵하게 파여 물이 모여 있는 곳.

웅	ㄷ	ㅇ

10-2 어휘력 키우는 비슷한 말과 반대말

비슷한 말끼리 선 긋기 1

❶ 주변 ·　　　　　　· ㉠ 환송

❷ 마을 ·　　　　　　· ㉡ 영접

❸ 마중 ·　　　　　　· ㉢ 동네

❹ 배웅 ·　　　　　　· ㉣ 언저리

비슷한 말끼리 선 긋기 2

❶ 함축 ·　　　　　　· ㉠ 함부로

❷ 마구 ·　　　　　　· ㉡ 먼저

❸ 방금 ·　　　　　　· ㉢ 금방

❹ 미리 ·　　　　　　· ㉣ 내포

밑줄 친 낱말을 비슷한 말로 바꾸기

01 동물원을 탈출해 <u>도주</u> 중이던 원숭이가 잡혔다.

ㄷ	ㅁ

02 동생이 내 간식까지 <u>모조리</u> 먹어 치웠다.

ㅁ	ㄷ

03 섬에서는 생필품을 사려면 <u>뭍</u>에 나가야 한다.

ㅇ	ㅈ

04 태풍으로 어려움에 처한 사람들을 <u>구제</u>해야 한다.

ㄱ	원

반대말끼리 선 긋기 1

❶ 둔감하다 ·   · ㉠ 분명하다

❷ 모호하다 ·   · ㉡ 유능하다

❸ 무능하다 ·   · ㉢ 확장하다

❹ 축소하다 ·   · ㉣ 민감하다

 반대말끼리 선 긋기 2

❶ 일출 ·   · ㉠ 팽창

❷ 수출 ·   · ㉡ 거부

❸ 수락 ·   · ㉢ 수입

❹ 수축 ·   · ㉣ 일몰

![rabbit] 밑줄 친 낱말을 반대말로 바꾸기

01	경비병은 암호를 통해 <u>아군</u>인지 꼭 확인해야 한다.	ㅈ	ㄱ

02	철저한 <u>수비</u>로 단 한 골도 허용해서는 안 된다.	ㄱ	ㄱ

03	잘난 척만 하는 <u>거만</u>한 사람은 대부분이 싫어한다.	ㄱ	ㅅ

04	어려움에 처하면 <u>긍정</u>의 힘으로 이겨 내자.	ㅂ	ㅈ

10-3 표현력 키우는 다양한 낱말 모음

낱말 찾아 문장 완성하기 1

흥얼거리며	꼼지락거리는	덧붙였다	엉키어

01 영채는 기분이 좋은지 콧노래를 (　　　　　　) 걸었다.
　　기분이 좋아 계속 입속으로 노래를 부르다.

02 머리카락이 너무 (　　　　　　) 빗질을 하면 아프다.
　　실이나 줄 등이 풀기 힘들게 서로 한데 얽히다.

03 강아지가 (　　　　　　) 모습이 너무 귀여웠다.
　　몸이 천천히 작게 계속 움직이다.

04 찢어지고 더러워진 벽지 위에 새로운 벽지를 (　　　　　　).
　　원래 있던 것에 다른 것을 더하다.

낱말 찾아 문장 완성하기 2

쏜살같이	나름대로	부리나케	멀찌감치

01 사람은 자기 (　　　　　　) 생각과 느낌을 가지고 살아간다.
　　각자가 가지고 있는 고유의 방식.

02 수비수는 높이 뜬 공을 (　　　　　　) 달려가 잡았다.
　　쏜 화살이 날아가는 것처럼 매우 빠르게.

03 길고양이에게 먹이를 주고 (　　　　　　) 떨어져야 먹는다.
　　거리가 꽤 떨어지게.

04 학교에 늦을까 봐 (　　　　　　) 뛰어갔다.
　　서둘러서 아주 급하게.

낱말 찾아 문장 완성하기 3

드리워져	씰룩거리며	탐낸다	쬐었다

01 화가 난 민우는 입을 (　　　　　　) 투덜댔다.
　　근육의 한 부분이 비뚤어지게 움직이다.

02 사람들은 추위에 언 손과 발을 녹이려고 모닥불을 (　　　　　　).
　　햇볕이나 불기운 등을 몸에 받다.

03 집 안이 보이지 않도록 창문에 커튼이 (　　　　　　) 있었다.
　　천이나 줄 등이 아래로 늘어지다.

04 우리 강아지는 자꾸 사람이 먹는 음식을 (　　　　　　).
　　자기 것으로 가지고 싶어 하다.

 낱말 찾아 문장 완성하기 4

진작	와락	듬뿍	왠지

01 아무 일도 없는데 오늘은 (　　　　　　) 기분이 안 좋다.
　　왜 그런지 모르게.

02 인심 좋은 아주머니는 밥을 (　　　　　　) 담아 주셨다.
　　어떤 것이 넘칠 정도로 수북이 가득한 모양.

03 학교 일에 대해 (　　　　　　) 말하지 않은 것을 후회했다.
　　조금 더 먼저. 그때 이미.

04 엄마는 웃는 아기가 너무 사랑스러워 (　　　　　　) 껴안았다.
　　갑자기 어떤 행동을 하는 모양.

10-4 헷갈리는 맞춤법 완전 정복

 틀린 낱말을 맞춤법에 맞게 고치기

아래 문장에서 밑줄 친 낱말을 맞춤법에 맞게 고쳐 주세요.

01 내가 저지른 잘못을 빌기 위해 <u>무릅</u>을 꿇었다.　　　(　　　　　　　)

02 축구공이 골대 쪽으로 <u>대굴대굴</u> 굴러갔다.　　　(　　　　　　　)

03 모두 즐거운 주말 보내시고 월요일에 <u>뵈요</u>.　　　(　　　　　　　)

04 영채는 학교 숙제를 끝냈다. <u>그리고 나서</u> 게임을 시작했다.　(　　　　　　　)

05 둘은 쌍둥이지만 외모나 성격이 <u>뚜렷히</u> 구분된다.　　　(　　　　　　　)

 헷갈리는 낱말에서 맞게 고르기

문장을 잘 읽어 보고 두 개 중 맞춤법에 맞는 낱말을 골라 주세요.

01 여행 갈 생각에 마음이 ⌈ 설래어 / 설레어 ⌋ 잠이 오지 않는다.

02 겨울바람이 ⌈ 세차게 / 새차게 ⌋ 불었다.

03 이모는 중학교에서 영어를 ⌈ 가리키고 / 가르치고 ⌋ 있다.

04 지후는 장기 자랑 시간에 ⌈ 수수께끼 / 수수깨끼 ⌋ 를 냈다.

05 새벽이 되자 ⌈ 수탉 / 수탁 ⌋ 이 시끄럽게 울어댔다.

10-5 비슷해 보이지만 서로 다른 낱말

 반드시와 반듯이

> **반드시** : 틀림없이 꼭.
>
> **반듯이** : 비뚤어지거나 굽거나 흐트러지지 않고 바르게.

실전 예문

01 의자에 (반드시 / 반듯이) 앉아야 허리가 펴진다.

02 내일 (반드시 / 반듯이) 시간에 맞춰 도착해야 한다.

03 모자를 (반드시 / 반듯이) 고쳐 썼다.

04 외출하기 전에 (반드시 / 반듯이) 가스 불을 확인해라.

 햇볕과 햇빛

> **햇볕** : 해가 내리쬐는 뜨거운 기운. '볕'은 몸으로 느끼는 것.
>
> **햇빛** : 해에서 나오는 빛. '빛'은 밝고 어두운 것을 눈으로 보는 것.

실전 예문

01 (햇볕 / 햇빛)에 눈이 부시다.

02 뜨거운 (햇볕 / 햇빛)이 쨍쨍 내리쬔다.

03 (햇볕 / 햇빛)에 얼굴이 까맣게 그을렸다.

04 (햇볕 / 햇빛)이 잘 드는 집에서 살고 싶다.

10-6 원고지에 제목, 학교·반·이름, 숫자 쓰기

 원고지에 제목 쓰는 규칙 이해하기

원고지에 제목을 쓸 때는 둘째 줄 가운데에 씁니다. 제목에는 문장 부호(, . ? !)를 쓰지 않습니다. 단, 여러 단어를 열거할 때 구분을 위해 가운뎃점(·)은 쓸 수 있습니다. 아래 예문에서는 '숲을 지켜라'라는 제목을 둘째 줄 가운데 쓰고 문장 부호 느낌표(!)를 쓰지 않았습니다.

1	2	3	4	5	6	7	숲	을		지	켜	라	7	6	5	4	3	2	1

→ 둘째 줄 가운데 제목을 쓸 때, 양쪽으로 빈칸의 수를 비슷하게 맞춰 주세요.

 원고지에 제목 직접 써 보기

아래 제목을 원고지에 써 보겠습니다. 가운데 제목을 쓸 때 양쪽 빈칸의 수가 똑같지 않아도 최대한 가운데 쓰세요.

01 제목 : 북극곰의 눈물

1	2	3	4	5	6	7								6	5	4	3	2	1

 원고지에 두 글자 제목 쓰기

제목이 두 글자인 경우 보기 좋도록 글자와 글자 사이를 2~4칸 정도 비워 줍니다.

02 제목 : 사랑

1	2	3	4	5	6	7	8				8	7	6	5	4	3	2	1	

원고지에 긴 제목 두 줄로 쓰기

제목이 긴 문장인 경우에는 보기 좋게 두 줄로 나누어 씁니다. 긴 제목의 첫 두 칸과 마지막 두 칸은 비우고 씁니다. 첫 번째 줄과 두 번째 줄은 내용에 맞게 나누어 씁니다.

03 제목 : 자신의 꿈을 찾아 떠나는 사람을 위한 당부의 말

 원고지에 학교, 학년, 반, 이름 쓰기

원고지에 학교, 학년, 반, 이름을 쓸 때는 학교 한 줄, 학년과 반 한 줄, 이름 한 줄 총 세 줄로 씁니다. 다음과 같이 학교, 학년과 반, 이름 뒤에 두 칸은 비우고 씁니다. 학년과 반은 구분하기 위해 띄어 씁니다.

						숲	을		지	켜	라								
									우	리	초	등	학	교				
										3	학	년		2	반				
												이	주	영				

→ 학년, 반, 이름을 같은 줄에 써도 됩니다. 학년, 반, 이름 사이를 띄어 줍니다.

						숲	을		지	켜	라								
									우	리	초	등	학	교				
								3	학	년		2	반		이	주	영		

04 자신의 학교, 학년, 반, 이름을 아래 원고지에 세 줄로 써 보세요.

					숲	을		지	켜	라									

 원고지에 숫자와 연도 쓰는 방법

원고지에 한 자릿수 '0~9'를 쓸 때는 한 칸에 한 자씩 씁니다. 두 자릿수는 한 칸에 두 글자씩 쓰고, 세 자릿수 이상의 숫자는 앞에서부터 두 글자씩 한 칸에 씁니다. 2018년~2022년과 같은 연도는 한 칸에 두 글자씩 씁니다.

	1	개		10	개		10	0	개						

실전 예문 다음 숫자가 들어간 내용을 원고지에 쓰세요.

01 3학년 10반 32번

02 2시간 30분 45초

03 1500만 원

04 2022년 12월 25일

10-7 바른 글씨로 속담 쓰기

다음 속담을 따라 쓰면서 바른 글씨를 연습합니다. 직선으로 곧게 글씨를 쓰도록 최대한 노력하며 따라 쓴 후 아래 줄에 연습합니다.

01 속담 풀이 '아주 가는 비라고 무시하고 맞다 보면 옷이 흠뻑 젖는다'는 의미로 아무리 작은 것도 계속 반복되면 나중에는 큰 일이 될 수도 있다는 뜻이다.

가랑비에 옷 젖는 줄 모른다.

02 속담 풀이 옛날에는 개똥을 치우지 않아 여기저기 널려 있었다. 평소에는 보잘것없고 흔한 물건인데 정작 필요해서 찾으면 구하기 어려울 때 쓰는 속담이다.

개똥도 약에 쓰려면 없다.

03 속담 풀이 주위에 듣는 사람이 아무도 없는 것 같아도 늘 조심해야 한다는 말이다.

낮말은 새가 듣고 밤말은 쥐가 듣는다.

04 속담 풀이 많은 시간과 정성을 들여 죽이 거의 완성되었을 때 실수로 콧물이 떨어진다면 너무 속상할 것이다. 이처럼 작은 실수 때문에 열심히 한 일을 망쳤을 때 쓰는 속담이다.

다 된 죽에 코 빠뜨린다.

Foreign Copyright:
Joonwon Lee
Address: 3F, 127, Yanghwa-ro, Mapo-gu, Seoul, Republic of Korea
            3rd Floor
Telephone: 82-2-3142-4151
E-mail: jwlee@cyber.co.kr

매일 스스로 공부하는
맞춤법 어휘력 3단계

2018. 3. 2. 1판 1쇄 발행
2023. 5. 3. 1판 5쇄 발행

지은이 | 꿈씨앗연구소
감 수 | (사)국어문화운동본부 대표 남영신
펴낸이 | 이종춘
펴낸곳 | BM (주)도서출판 **성안당**

주소 | 04032 서울시 마포구 양화로 127 첨단빌딩 3층(출판기획 R&D 센터)
     | 10881 경기도 파주시 문발로 112 파주 출판 문화도시(제작 및 물류)
전화 | 02) 3142-0036
     | 031) 950-6300
팩스 | 031) 955-0510
등록 | 1973. 2. 1. 제406-2005-000046호
출판사 홈페이지 | www.cyber.co.kr
ISBN | 978-89-315-8828-6 (64710)
정가 | 13,000원

이 책을 만든 사람들
책임 | 최옥현
기획 · 진행 | 전수경, 정지현
표지 · 본문 디자인 | 상:想 company, 임흥순
홍보 | 김계향, 유미나, 이준영, 정단비
국제부 | 이선민, 조혜란
마케팅 | 구본철, 차정욱, 오영일, 나진호, 강호묵
마케팅 지원 | 장상범
제작 | 김유석

■도서 A/S 안내

성안당에서 발행하는 모든 도서는 저자와 출판사, 그리고 독자가 함께 만들어 나갑니다.
좋은 책을 펴내기 위해 많은 노력을 기울이고 있습니다. 혹시라도 내용상의 오류나 오탈자 등이 발견되면 "좋은 책은 나라의 보배"로서 우리 모두가 함께 만들어 간다는 마음으로 연락주시기 바랍니다. 수정 보완하여 더 나은 책이 되도록 최선을 다하겠습니다.
성안당은 늘 독자 여러분들의 소중한 의견을 기다리고 있습니다. 좋은 의견을 보내주시는 분께는 성안당 쇼핑몰의 포인트(3,000포인트)를 적립해 드립니다.
잘못 만들어진 책이나 부록 등이 파손된 경우에는 교환해 드립니다.

매일 스스로 공부하는

맞춤법 어휘력

3단계
초등 3~4학년

정답 및 해설

BM (주)도서출판 성안당

맞춤법 어휘력

3단계
초등 3~4학년

BM (주)도서출판 성안당

정답 및 해설

1-1 알면 쓸모 있는 낱말 익히기

＊ 낱말 찾아 문장 완성하기 1

01. 꽃가지　　　02. 꽃송이
03. 꽃망울　　　04. 꽃말

＊ 낱말 초성 퀴즈 1

01. 알갱이　　　02. 울타리
03. 방앗간　　　04. 나무꾼

＊ 낱말 찾아 문장 완성하기 2

01. 풍경　　　02. 정경
03. 광경　　　04. 배경

＊ 낱말 초성 퀴즈 2

01. 말다툼　 02. 앙갚음　 03. 귀퉁이
04. 반짇고리　 05. 잡동사니　 06. 교훈

1-2 어휘력 키우는 비슷한 말과 반대말

＊ 비슷한 말끼리 선 긋기 1

❶ 희생　　　　　⊙ 벼슬
❷ 임자　　　　　⊙ 짐작
❸ 관직　　　　　⊙ 주인
❹ 추측　　　　　⊙ 헌신

＊ 비슷한 말끼리 선 긋기 2

❶ 연안　━━━　⊙ 해안
❷ 생업　　　　　⊙ 참견
❸ 언저리　　　　⊙ 직업
❹ 간섭　　　　　⊙ 주변

＊ 밑줄 친 낱말을 비슷한 말로 바꾸기

01. 혼인　　　　02. 수리
03. 방언　　　　04. 수집

＊ 반대말끼리 선 긋기 1

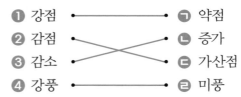

❶ 강점　━━━━━　⊙ 약점
❷ 감점　　　　　　⊙ 증가
❸ 감소　　　　　　⊙ 가산점
❹ 강풍　━━━━━　⊙ 미풍

＊ 반대말끼리 선 긋기 2

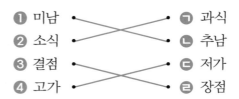

❶ 미남　　　　　　⊙ 과식
❷ 소식　　　　　　⊙ 추남
❸ 결점　　　　　　⊙ 저가
❹ 고가　　　　　　⊙ 장점

＊ 밑줄 친 낱말을 반대말로 바꾸기

01. 조연　　 02. 아군　　 03. 수신인
04. 외국인　 05. 수동

1-3 표현력 키우는 다양한 낱말 모음

＊ 낱말 찾아 문장 완성하기 1

01. 태연한　　　02. 마지못해
03. 퉁명스럽게　　04. 우스꽝스러운

＊ 낱말 찾아 문장 완성하기 2

01. 공손하게　　　02. 엄숙하게
03. 나약하게　　　04. 대범하게

＊ 낱말 찾아 문장 완성하기 3

01. 앙상하게　　　02. 즐비하게
03. 웅장한　　　　04. 허름한

| 숲속에 | V | 버려진 | V | 빈 | V | 병을 | V | 보았습니다. |

| 도깨비가 | V | 쇠똥이랑 | V | 거름을 | V | 밭으로 | V | 날랐다. |

| 간장에 | V | 숯을 | V | 함께 | V | 넣습니다. |

| | 집에 | | 들 | 어 | 서 | 자 | 마 | 자 | | 화 | 장 | 실 | 로 |
| 뛰 | 어 | 갑 | 니 | 다 | . | | | | | | | | |

| | 숙 | 제 | | 검 | 사 | 가 | | 앞 | 에 | 서 | 부 | 터 | | 시 | 작 |
| 되 | 었 | 다 | . | | | | | | | | | | | | |

| | 그 | | 선 | 수 | 는 | | 나 | 가 | 면 | 서 | 까 | 지 | 도 | | 고 |
| 함 | 을 | | 질 | 렀 | 다 | . | | | | | | | | | |

| | 인 | 솔 | 자 | 의 | | 책 | 임 | 은 | | 어 | 디 | 까 | 지 | 입 | 니 |
| 까 | ? | | | | | | | | | | | | | | |

> **해설**
>
> 1번의 '-자마자'는 돌아오자마자, 먹자마자 등과 같이 어떤 사건이나 동작이 잇따라 일어날 때를 나타내는 낱말로 앞말과 붙여 씁니다.
> 2번 '앞에서부터'와 3번 '나가면서까지도', 4번 '어디까지입니까' 모두 두 개의 조사가 합쳐진 것으로 앞말과 붙여 씁니다.

2단원   22~33쪽

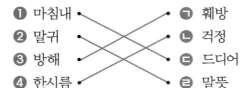
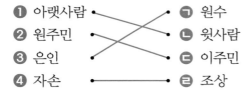
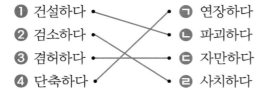

2-6 띄어쓰기 기본 원칙 익히기 2

＊ 띄어쓰기 기초 연습

01.

옷∨한∨벌

02.

소∨한∨마리

03.

학생∨열∨명

04.

과자∨두∨봉지

05.

사탕∨두∨개

＊ 띄어쓰기 실전 연습

01.

	풀	한	포기	,	나무	한	그루
소	중	히		여	기	자	.

02.

	혼	자	서	돼	지	고	기	한		근	을		구
워		먹	었	다	.

03.

	운	동	장	을		다	섯		바	퀴	나		돌	고
물		한		모	금	도		먹	지		못	했	다	.

＊ 띄어쓰기 기초 연습

01.

회장∨겸∨반장

02.

학생∨및∨학부모

03.

하루∨또는∨이틀

04.

사과, ∨배, ∨귤∨등이

05.

서울, ∨인천∨등지

＊ 띄어쓰기 실전 연습

01.

	시	장	에	는		조	개	,	생	선	,	기	타		등
등		다	양	한		해	산	물	이		있	었	다	.

02.

	두	산		대		기	아	의		시	합	이		곧
시	작	한	다	.

03.

	한		팀	은		열		명		또	는		스	무
명	으	로		구	성	된	다	.

> **해설**
>
> 01. 마침표(.)와 쉼표(,)의 경우 칸을 조금 차지하므로 빈칸을 포함한 문장 부호로 취급해 한 칸을 비우지 않습니다. 반면 일반 글자처럼 큰 느낌표(!)나 물음표(?)는 다음 한 칸을 비웁니다.
> 03. '열 살', '다섯 사람', '두 근' 등과 같이 사물의 수나 양을 나타내는 단위도 앞말과 띄어 씁니다. 하지만 열을 넘는 스물, 서른, 마흔 등은 한 낱말로 보고 '스물두 살', '서른두 번째' 등과 같이 씁니다.

3단원　　34~43쪽

3-1 알면 쓸모 있는 낱말 익히기

＊ 걸음의 종류 찾기

01. 까치걸음　　02. 가재걸음

03. 종종걸음　　04. 황소걸음

＊ 낱말 찾아 문장 완성하기 1

01. 마음씨　　02. 솜씨

03. 말씨　　　04. 맵시

＊ 낱말 찾아 문장 완성하기 2

01. 이유　　02. 원인

03. 유래　　04. 사연

* 전통 민속놀이 찾기
01. 놋다리밟기　　02. 강강술래
03. 차전놀이　　　04. 쥐불놀이

3-2 어휘력 키우는 비슷한 말과 반대말

* 비슷한 말끼리 선 긋기 1

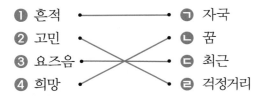

❶ 추억　　　　　㉠ 얼굴
❷ 귀퉁이　　　　㉡ 모퉁이
❸ 낯　　　　　　㉢ 물결
❹ 너울　　　　　㉣ 회상

* 비슷한 말끼리 선 긋기 2

❶ 흔적　　　　　㉠ 자국
❷ 고민　　　　　㉡ 꿈
❸ 요즈음　　　　㉢ 최근
❹ 희망　　　　　㉣ 걱정거리

* 밑줄 친 낱말을 비슷한 말로 바꾸기

01. 사나운　　　　02. 다짜고짜
03. 물려받은　　　04. 고치고

* 반대말끼리 선 긋기 1

❶ 장녀　　　　　㉠ 조모
❷ 조부　　　　　㉡ 증조부
❸ 증조모　　　　㉢ 졸개
❹ 우두머리　　　㉣ 장남

* 반대말끼리 선 긋기 2

❶ 온순하다　　　㉠ 안전하다
❷ 위급하다　　　㉡ 틀림없다
❸ 틀리다　　　　㉢ 포악하다
❹ 말리다　　　　㉣ 적시다

* 밑줄 친 낱말을 반대말로 바꾸기

01. 고생　　02. 만남　　03. 단점
04. 최고　　05. 다수

3-3 표현력 키우는 다양한 낱말 모음

* 낱말 찾아 문장 완성하기 1

01. 까마득한　　　02. 하찮게
03. 두루뭉술하다　04. 뻣뻣해서

* 낱말 찾아 문장 완성하기 2

01. 찌뿌드드하다　02. 갸름하다
03. 성기게　　　　04. 퀴퀴한

* 낱말 찾아 문장 완성하기 3

01. 녹녹하게　　　02. 씁쓸한
03. 짭짤해서　　　04. 늙수그레한

* 낱말 찾아 문장 완성하기 4

01. 어리둥절한　　02. 이롭다
03. 흐뭇하게　　　04. 지극한

3-4 헷갈리는 맞춤법 완전 정복

* 틀린 낱말을 맞춤법에 맞게 고치기

01. 며칠　　02. 빼앗은　　03. 설거지
04. 부엌　　05. 덮개

* 헷갈리는 낱말에서 맞게 고르기

01. 엎질렀다　　　02. 오랜만에
03. 왠지　　　　　04. 일으켜
05. 숨바꼭질

3-5 비슷해 보이지만 서로 다른 낱말

* 매다와 메다

01. 메고　　　　　02. 매어
03. 매고　　　　　04. 메고

* 빗다와 빚다

01. 빚은　　　　　02. 빗은
03. 빚는다　　　　04. 빗어

3-6 쓰임에 따라 붙여 쓰거나 띄어쓰기

01.

| 우리 | | 같이 | | 국어 | | 숙제하자 | . |

02.

| 여우같이 | | 영악하구나 | . |

03.

| 나랑 | | 같이 | | 놀자 | . |

04.

| 손님은 | | 새벽같이 | | 떠났다 | . |

05.

| 학교에 | | 매일같이 | | 지각한다 | . |

 4단원   44~55쪽

4-1 알면 쓸모 있는 낱말 익히기

* 낱말 찾아 문장 완성하기

01. 낭송   02. 묵독

03. 암송   04. 낭독

* 낱말 초성 퀴즈 1

01. 소용돌이   02. 물레방아

03. 장식   04. 조약돌

* 웃음의 종류 찾기

01. 너털웃음   02. 코웃음

03. 함박웃음   04. 눈웃음

* 낱말 초성 퀴즈 2

01. 위로   02. 물수제비

03. 당나귀   04. 표정

05. 빈털터리

4-2 어휘력 키우는 비슷한 말과 반대말

* 비슷한 말끼리 선 긋기 1

❶ 다부지다 — ㉡ 야무지다
❷ 버티다 — ㉠ 견디다
❸ 붙잡다 — ㉢ 엄청나다
❹ 굉장하다 — ㉣ 쥐다

* 비슷한 말끼리 선 긋기 2

❶ 보충하다 — ㉡ 보완하다
❷ 부릅뜨다 — ㉠ 치뜨다
❸ 납작하다 — ㉣ 판판하다
❹ 세차다 — ㉢ 힘차다

* 밑줄 친 낱말을 비슷한 말로 바꾸기

01. 어리광   02. 망신

03. 자린고비   04. 가루

* 반대말끼리 선 긋기 1

❶ 간단하다 — ㉣ 복잡하다
❷ 따뜻하다 — ㉢ 싸늘하다
❸ 만나다 — ㉡ 헤어지다
❹ 어색하다 — ㉠ 자연스럽다

* 반대말끼리 선 긋기 2

❶ 막다 — ㉡ 뚫다
❷ 무르다 — ㉠ 단단하다
❸ 비다 — ㉣ 차다
❹ 잃다 — ㉢ 얻다

* 밑줄 친 낱말을 반대말로 바꾸기

01. 조상   02. 절망

03. 절약   04. 승리

4-3 표현력 키우는 다양한 낱말 모음

* 낱말 찾아 문장 완성하기 1
01. 드물게　　　02. 서투르지만
03. 멀쩡하게　　04. 포악한

* 낱말 찾아 문장 완성하기 2
01. 편찮으셔서　02. 갑갑하게
03. 모질게　　　04. 거슬려

* 낱말 찾아 문장 완성하기 3
01. 당혹스럽다　02. 어이없다
03. 다정하게　　04. 기발한

* 낱말 찾아 문장 완성하기 4
01. 터무니없는　02. 특이한
03. 괴이한　　　04. 안일한

4-4 헷갈리는 맞춤법 완전 정복

* 틀린 낱말을 맞춤법에 맞게 고치기
01. 숟가락　　　02. 수군거리고
03. 잠깐　　　　04. 어이없는
05. 온갖

* 헷갈리는 낱말에서 맞게 고르기
01. 곰곰이　　　02. 어떡해
03. 오뚝이　　　04. 오랫동안
05. 우리나라

4-5 비슷해 보이지만 서로 다른 낱말

* 새다와 세다
01. 세다　　　　02. 새어
03. 세게　　　　04. 새지

* 다투다와 싸우다
01. 싸우고　　　02. 다투었다
03. 다투며　　　04. 싸우는

* 부수다와 부시다
01. 부숴　　　　02. 부쉈다
03. 부시고　　　04. 부수어

* 부치다와 붙이다
01. 붙이다　02. 부치다　03. 부쳤다
04. 붙인다　05. 부쳤다

4-6 이름과 호칭 띄어쓰기

* 띄어쓰기 기초 연습

| 장현국V박사 |
| 이순신V장군 |
| 백지민V교수 |
| 운재V씨 |
| 박태현V선배 |
| 도현V군 |
| 효영V양 |
| 문V대통령 |

* 띄어쓰기 실전 연습

01.

| | 전 | 염 | 병 | 이 | | 돌 | 자 | | 최 | | 대 | 감 | 께 | 서 | |
| 허 | | 의 | 원 | 을 | | 급 | 히 | | 찾 | 았 | 다 | . | | | |

02.

| | 영 | 진 | 이 | | 형 | 과 | | 연 | 우 | | 누 | 나 | 는 | | 놀 |
| 러 | | 나 | 가 | 서 | | 집 | 에 | | 없 | 었 | 다 | . | | | |

03.

	가	장		존	경	하	는		사	람	은		백	범
김	구		선	생	이	다	.							

04.

	대	한	민	국		환	경	을		책	임	지	는		환
경	부		장	관	이		되	고		싶	다	.			

05.

	안	중	근		의	사	와		유	관	순		열	사	의	∨
위	인	전	을		읽	었	다	.								

06.

	강	감	찬		장	군	은		거	란	의		침	입	을	∨
막	아		낸		구	국	의		영	웅	이	다	.			

해설

줄 끝에 띄어 쓸 칸이 없으면 ∨ 표시하기

5번과 6번처럼 원고지 줄 끝에 띄어쓰기할 칸이 없으면 칸 밖에 ∨ 표시를 하고 다음 줄 첫 칸부터 씁니다.

5번 첫 줄 끝에 '열사의' 다음 띄어 쓸 칸이 없으므로 칸 밖에 ∨ 표시를 하고 다음 줄 첫 칸에 바로 '위'를 씁니다.

5단원 56~67쪽

5-1 알면 쓸모 있는 낱말 익히기

* 낱말 찾아 문장 완성하기

01. 세상천지　　　02. 눈치코치
03. 새침데기　　　04. 옥신각신

* 낱말 초성 퀴즈 1

01. 피난처　　　02. 형체
03. 결심　　　　04. 대대로

* 산 관련 명칭 찾기

01. 산마루　　　02. 산허리
03. 산비탈　　　04. 산기슭

* 낱말 초성 퀴즈 2

01. 훈련　　02. 감시　　03. 눈독
04. 후회　　05. 폭군

5-2 어휘력 키우는 비슷한 말과 반대말

* 비슷한 말끼리 선 긋기 1

① 잡아당기다 — ㉢ 스며들다
② 내버리다 — ㉠ 팽개치다
③ 덧붙이다 — ㉣ 첨가하다
④ 배다 — ㉡ 끌어당기다

* 비슷한 말끼리 선 긋기 2

① 찌푸리다 — ㉢ 찡그리다
② 진하다 — ㉡ 짙다
③ 겹겹이 — ㉠ 첩첩이
④ 두드러지다 — ㉣ 돋보이다

* 밑줄 친 낱말을 비슷한 말로 바꾸기

01. 농민　　　02. 용기
03. 소망　　　04. 벗

* 반대말끼리 선 긋기 1

① 개운하다 — ㉠ 찜찜하다
② 내려놓다 — ㉣ 올려놓다
③ 무례하다 — ㉡ 정중하다
④ 미천하다 — ㉢ 귀하다

* 반대말끼리 선 긋기 2

① 영리하다 — ㉣ 어리석다
② 결석하다 — ㉢ 출석하다
③ 담다 — ㉠ 벗기다
④ 덮다 — ㉡ 덜다

* 밑줄 친 낱말을 반대말로 바꾸기

01. 장마　　　02. 약점
03. 무시　　　04. 농담

5-3 표현력 키우는 다양한 낱말 모음

＊ 낱말 찾아 문장 완성하기 1

01. 갈팡질팡해　02. 언짢다

03. 독특한　04. 예민해

＊ 낱말 찾아 문장 완성하기 2

01. 태만하게　02. 심술궂은

03. 바지런한　04. 지혜로운

＊ 낱말 찾아 문장 완성하기 3

01. 꾸짖었다　02. 울먹였다

03. 누그러졌다　04. 뉘우치고

＊ 낱말 찾아 문장 완성하기 4

01. 머뭇머뭇　02. 부랴부랴

03. 비실비실　04. 뒤적뒤적

5-4 헷갈리는 맞춤법 완전 정복

＊ 틀린 낱말을 맞춤법에 맞게 고치기

01. 이쁘게도　02. 외톨이　03. 의젓해졌다

04. 통째로　05. 힘껏

＊ 헷갈리는 낱말에서 맞게 고르기

01. 찌개　02. 천장　03. 수다쟁이

04. 게시판　05. 나무꾼

> **해설**
>
> **나뭇꾼과 나무꾼**
>
> 낱말과 낱말이 합쳐져서 새로운 낱말을 만들 때 뒷말 첫소리가 된소리로 발음된다면 사이시옷을 씁니다. 예를 들어 '어제+밤'을 합치면 [어제빰]으로 발음됩니다. 이처럼 뒷말 'ㅂ'이 'ㅃ'인 된소리로 발음이 바뀌면 사이시옷을 넣어 '어젯밤'으로 씁니다. 하지만 '나무+꾼'의 경우 '꾼' 자체가 원래 발음이므로 사이시옷이 필요 없습니다.

5-5 비슷해 보이지만 서로 다른 낱말

＊ 조리다와 졸이다

01. 조린다　02. 졸이며

03. 조렸다　04. 졸이면

> **해설**
>
> 국물이 거의 없게 조리하는 것은 '조리다'를 쓰고, 된장국과 같이 국물의 양을 조금 적어지게 하는 것은 '졸이다'를 씁니다.

＊ 거름과 걸음

01. 걸음　02. 거름

03. 걸음　04. 거름

5-6 낱말의 기본형 이해하기

＊ 다음 낱말들의 기본형 쓰기

01. 먹다　02. 가다　03. 누르다

＊ 낱말의 기본형 찾아 쓰기 1

01. 읽다　02. 앉다

03. 날다　04. 어렵다

＊ 낱말의 기본형 찾아 쓰기 2

01. 쳐다보다　02. 줍다

03. 부르다　04. 다양하다

 6단원　68~79쪽

6-1 알면 쓸모 있는 낱말 익히기

＊ 손가락 명칭 찾기

01. 엄지손가락　02. 집게손가락

03. 가운뎃손가락　04. 약손가락

05. 새끼손가락

* 낱말 초성 퀴즈 1

01. 항의　　02. 구두쇠　　03. 명예
04. 재물　　05. 불평

* 물건을 세는 단위 찾기

01. 손　　　　　　02. 톳
03. 접　　　　　　04. 갑

* 낱말 초성 퀴즈 2

01. 증거　　02. 함정　　03. 원수
04. 노새　　05. 한나절

6-2 어휘력 키우는 비슷한 말과 반대말

* 비슷한 말끼리 선 긋기 1

❶ 떠오르다　　　　　㉠ 응시하다
❷ 나무라다　　　　　㉡ 당황하다
❸ 놀라다　　　　　　㉢ 꾸짖다
❹ 바라보다　　　　　㉣ 기억하다

* 비슷한 말끼리 선 긋기 2

❶ 그대로　　　　　　㉠ 간청하다
❷ 다루다　　　　　　㉡ 위로하다
❸ 달래다　　　　　　㉢ 관리하다
❹ 조르다　　　　　　㉣ 고스란히

* 밑줄 친 낱말을 비슷한 말로 바꾸기

01. 초라한　　　02. 지저분
03. 장만　　　　04. 깨끗하게

* 반대말끼리 선 긋기 1

❶ 솟아오르다　　　　㉠ 기억하다
❷ 잊어버리다　　　　㉡ 가라앉다
❸ 드넓다　　　　　　㉢ 희미하다
❹ 생생하다　　　　　㉣ 비좁다

* 반대말끼리 선 긋기 2

❶ 용감하다　　　　　㉠ 방어하다
❷ 걱정하다　　　　　㉡ 화려하다
❸ 공격하다　　　　　㉢ 비겁하다
❹ 초라하다　　　　　㉣ 안심하다

* 밑줄 친 낱말을 반대말로 바꾸기

01. 패자　　　　02. 협조
03. 외부　　　　04. 막내

6-3 표현력 키우는 다양한 낱말 모음

* 낱말 찾아 문장 완성하기 1

01. 얼씬거리는　　02. 설렌다
03. 안타까웠다　　04. 거들먹거린다

* 낱말 찾아 문장 완성하기 2

01. 꼼틀꼼틀　　02. 힐끗힐끗
03. 뉘엿뉘엿　　04. 들쭉날쭉

* 낱말 찾아 문장 완성하기 3

01. 머금고　　　02. 뒤덮인
03. 뒤적이며　　04. 쌔근거렸다

* 낱말 찾아 문장 완성하기 4

01. 구석구석　　02. 뒤죽박죽
03. 꼬박꼬박　　04. 어기적어기적

6-4 헷갈리는 맞춤법 완전 정복

* 틀린 낱말을 맞춤법에 맞게 고치기

01. 가게　　02. 강낭콩　　03. 같아
04. 거야　　05. 하고요

* 헷갈리는 낱말에서 맞게 고르기

01. 모자라다　　　02. 덮여
03. 맺히다　　　　04. 뭉게구름
05. 미끄러졌다

6-5 비슷해 보이지만 서로 다른 낱말

* 쳐다보다와 바라보다

01. 쳐다보며 02. 쳐다보다
03. 바라보고 04. 바라보다가

* 거치다와 걷히다

01. 거쳐서 02. 거쳐
03. 걷히고 04. 걷히자

6-7 낱말을 높임말로 바꾸기

01.

> 할머니는 <u>연세가</u> 많으셔서 병원에 <u>모시고</u> 가야 한다.

02.

> 얘들아, 선생님<u>께서</u> 하신 <u>말씀이</u> 맞는 것 같아.

03.

> 할아버지는 친구분 <u>댁에서</u> 저녁을 <u>드신대요.</u>
> <u>잡수신대요.</u>

04.

> 선생님께 <u>여쭤보니</u> 내가 쓴 답이 정답이라고 <u>하셨다.</u>

05.

> 혼자 사는 이모가 <u>편찮으셔서</u> 약을 사다 <u>드렸다.</u>

* '-께, -시'를 붙여 높이는 방법

01. 미국에 <u>가신</u> 삼촌<u>께서</u> 전화하셨다.
02. 고모는 외국어를 번역하는 일을 <u>하신다.</u>

* '-습니다'로 높이는 방법

01. 할머니 학교 <u>다녀오겠습니다.</u>
02. 삼촌 생일 선물 <u>고맙습니다.</u>

* 자신을 낮춰 상대를 높이는 방법

01. <u>저희</u> 반이 대표로 나가게 해 주세요.
02. <u>저의</u> 꿈은 과학자입니다.
03. <u>저희</u> 집에는 진돗개가 있습니다.

7단원 80~91쪽

7-1 알면 쓸모 있는 낱말 익히기

* 말과 관련된 낱말 찾기

01. 말참견 02. 말다툼
03. 말장난 04. 말실수

* 낱말 초성 퀴즈 1

01. 콧소리 02. 면도 03. 결판
04. 날갯짓 05. 학자

> **해설**
>
> **콧소리**는 '코+소리'가 합쳐진 낱말이고, **날갯짓**은 '날개+짓'이 합쳐진 낱말입니다. 이렇게 합쳐진 낱말 중 뒷말 첫소리가 [코쏘리], [날개찓]과 같이 된소리로 발음되면, 자연스러운 발음을 위해 사이시옷을 씁니다.

* 비의 종류 찾기

01. 가랑비 02. 장맛비
03. 장대비 04. 여우비

* 낱말 초성 퀴즈 2

01. 문턱 02. 자존심 03. 올가미
04. 식은땀 05. 항복

7-2 어휘력 키우는 비슷한 말과 반대말

* 비슷한 말끼리 선 긋기 1

❶ 가렵다 — ㉣ 간지럽다
❷ 가려내라 — ㉠ 골라내라
❸ 낭송하다 — ㉢ 읊다
❹ 잎사귀 — ㉡ 이파리

* 비슷한 말끼리 선 긋기 2

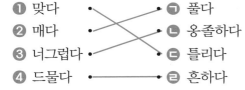

① 후손 — ⓒ 선정하다
② 간추리다 — ② 요약하다
③ 묶다 — ⓐ 매다
④ 고르다 — ⓑ 자손

* 밑줄 친 낱말을 비슷한 말로 바꾸기

01. 존댓말   02. 전염병
03. 도통   04. 적중

* 반대말끼리 선 긋기 1

① 깨우다 — ⓑ 재우다
② 들이쉬다 — ⓐ 내쉬다
③ 세우다 — ② 허물다
④ 밀어내다 — ⓒ 끌어들이다

* 반대말끼리 선 긋기 2

① 맞다 — ⓒ 틀리다
② 매다 — ⓐ 풀다
③ 너그럽다 — ⓑ 옹졸하다
④ 드물다 — ② 흔하다

* 밑줄 친 낱말을 반대말로 바꾸기

01. 효녀   02. 좌측
03. 칭찬   04. 결과

해설

효자의 반대말은 의미적인 면에서는 '불효자'가
될 수 있습니다. 이 책에서는 남자의 반대말이
여자인 것처럼 성별을 기준으로 반대말을 찾
아 주세요.

7-3 표현력 키우는 다양한 낱말 모음

* 낱말 찾아 문장 완성하기 1

01. 주저하고   02. 귀담아듣지
03. 휘둥그레졌다   04. 그러안고

* 낱말 찾아 문장 완성하기 2

01. 할짝할짝   02. 까딱까딱
03. 절룩절룩   04. 또닥또닥

* 낱말 찾아 문장 완성하기 3

01. 대신한다   02. 으스댄다
03. 내저었다   04. 너풀거리며

* 낱말 찾아 문장 완성하기 4

01. 너울너울   02. 한들한들
03. 대롱대롱   04. 팔랑팔랑

7-4 헷갈리는 맞춤법 완전 정복

* 틀린 낱말을 맞춤법에 맞게 고치기

01. 붙이고   02. 손수레   03. 돈가스
04. 뷔페   05. 로봇

해설

돈가스는 일본어, 뷔페는 프랑스어, 로봇은 영
어인 외래어입니다. 외국어의 경우 말하는 사
람에 따라 서로 다르게 발음할 수 있는데, 한
글로 표기할 경우 한 가지를 사용하도록 맞춤
법을 정했습니다.

* 헷갈리는 낱말에서 맞게 고르기

01. 낳았다   02. 쓰레기   03. 열심히
04. 차례   05. 헤엄치고

7-5 비슷해 보이지만 서로 다른 낱말

* 굳다와 궂다

01. 굳었다   02. 굳었다
03. 궂은   04. 궂은

* 맞추다와 맞히다

01. 맞혀   02. 맞추기
03. 맞히면   04. 맞추어

7-6 두 낱말로 새로운 낱말 만들기

01.

| 붕어빵 | = | 붕어 | + | 빵 |

02.

| 책가방 | = | 책 | + | 가방 |

03.

| 물병 | = | 물 | + | 병 |

04.

| 밥그릇 | = | 밥 | + | 그릇 |

7-7 낱말에 뜻을 더해 주는 말 1

01. 햇과일   02. 햇곡식   03. 햇병아리
04. 풋고추   05. 풋콩   06. 풋사과

7-8 낱말에 뜻을 더해 주는 말 2

01. 맨주먹   02. 맨바닥   03. 맨발
04. 헛소문   05. 헛고생   06. 한겨울
07. 한밤중

8단원   92~103쪽

8-1 알면 쓸모 있는 낱말 익히기

* 열매, 과일, 과실

01. 열매   02. 과일   03. 과실

* 낱말 초성 퀴즈 1

01. 계약   02. 낙방
03. 탄식   04. 축복

* 낱말 찾아 문장 완성하기

01. 먹보   02. 울보
03. 털보   04. 느림보

* 낱말 초성 퀴즈 2

01. 인품   02. 판결   03. 잔꾀
04. 울상   05. 험담   06. 속임수

8-2 어휘력 키우는 비슷한 말과 반대말

* 비슷한 말끼리 선 긋기 1

❶ 별안간 — ㉃ 가까스로
❷ 이따금 — ㉠ 가끔
❸ 간신히 — ㉡ 갑자기
❹ 딱한 — ㉢ 가여운

* 비슷한 말끼리 선 긋기 2

❶ 지키다 — ㉢ 보호하다
❷ 유희 — ㉃ 놀이
❸ 일어나다 — ㉠ 발생하다
❹ 주전부리 — ㉡ 군것질

* 밑줄 친 낱말을 비슷한 말로 바꾸기

01. 짐작   02. 주인
03. 헌신   04. 바닷가

* 반대말끼리 선 긋기 1

❶ 비범하다 — ㉡ 평범하다
❷ 상반되다 — ㉠ 일치하다
❸ 상승하다 — ㉃ 하강하다
❹ 악화되다 — ㉢ 호전되다

* 반대말끼리 선 긋기 2

❶ 미루다 — ㉃ 앞당기다
❷ 유익하다 — ㉢ 무익하다
❸ 인정하다 — ㉡ 부인하다
❹ 감다 — ㉠ 풀다

* 밑줄 친 낱말을 반대말로 바꾸기

01. 손님   02. 시작
03. 썰물   04. 출석

8-3 표현력 키우는 다양한 낱말 모음

* 낱말 찾아 문장 완성하기 1

01. 뭉그적거렸다　　02. 꿈적하지

03. 캐물었다　　　　04. 파헤쳤다

* 낱말 찾아 문장 완성하기 2

01. 차근차근　　　　02. 재잘재잘

03. 수군수군　　　　04. 소곤소곤

* 낱말 찾아 문장 완성하기 3

01. 시샘하는　　　　02. 이어받은

03. 맞장구치며　　　04. 서둘러서

* 낱말 찾아 문장 완성하기 4

01. 얼렁뚱땅　　　　02. 아롱다롱

03. 띄엄띄엄　　　　04. 오순도순

* 낱말 찾아 문장 완성하기 5

01. 슬며시　　　　　02. 그까짓

03. 이따금　　　　　04. 함부로

* 낱말 찾아 문장 완성하기 6

01. 괜스레　　　　　02. 게다가

03. 번갈아　　　　　04. 남몰래

8-4 헷갈리는 맞춤법 완전 정복

* 틀린 낱말을 맞춤법에 맞게 고치기

01. 블록　　　02. 소파　　03. 소시지

04. 슈퍼마켓　　05. 수프

* 헷갈리는 낱말에서 맞게 고르기

01. 베꼈다　　02. 케첩　　03. 케이크

04. 책꽂이　　05. 해님

> **해설**
> 해님은 '해+님' 합쳐진 낱말로 [해님]으로 발음
> 됩니다. 뒷말인 '님'이 강한 된소리로 발음되지
> 않으므로 사이시옷을 넣지 않습니다.

8-5 비슷해 보이지만 서로 다른 낱말

* 빨다와 찧다

01. 빨아　　　　　02. 찧고

03. 빨으면　　　　04. 찧었다

* 때깔과 빛깔

01. 때깔　　　　　02. 빛깔

03. 빛깔　　　　　04. 때깔

* -장이와 -쟁이

01. 수다쟁이　　　02. 욕심쟁이

03. 옹기장이　　　04. 대장장이

* -꾼과 -꾸러기

01. 농사꾼　　　　02. 말썽꾸러기

03. 사냥꾼　　　　04. 욕심꾸러기

8-6 띄어쓰기에 따라 달라지는 낱말

01.

	삼	형	제	중	에	서		큰	형	이		가	장	V
키	가		작	다	.									

02.

	저	형	이		우	리		학	교	에	서		키	가	V
가	장		큰		형	이	다	.							

> **해설**
> 원고지 줄 끝에 띄어쓰기 할 칸이 없으면 칸
> 밖에 V 표시를 하고 다음 줄 첫 칸부터 씁니다.

03.

	일	주	일	에		한		번	은		마	음	껏		놀
면		좋	겠	다	.										

04.

	우	리		집	에		한	번		놀	러		오	세	요	.

> **해설**
> 원고지에서 줄 끝에 문장 부호(. , ? !) 쓸 칸이
> 없으면 칸 밖에 씁니다.

9-1 알면 쓸모 있는 낱말 익히기

* 날짜를 순우리말로 세어 보기

01. 이틀　　02. 사흘　　03. 나흘
04. 닷새　　05. 엿새

* 낱말 초성 퀴즈 1

01. 외딴집　02. 가장자리　03. 궤짝

*[어제의 전날]과 [내일의 다음 날]을 뭐라
고 하지?

01. 어제　　　 - 5월 9일
02. 그끄저께 - 5월 7일
03. 그저께　　- 5월 8일
04. 글피　　　- 5월 13일
05. 내일　　　- 5월 11일
06. 그글피　　- 5월 14일

* 낱말 초성 퀴즈 2

01. 씨름　　　　　02. 번데기

9-2 어휘력 키우는 비슷한 말과 반대말

* 비슷한 말끼리 선 긋기 1

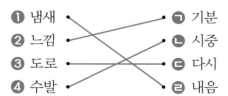

❶ 흥미　　　　　㉠ 폭발하다
❷ 터지다　　　　㉡ 점잖다
❸ 의젓하다　　　㉢ 샅샅이
❹ 낱낱이　　　　㉣ 관심

* 비슷한 말끼리 선 긋기 2

❶ 냄새　　　　　㉠ 기분
❷ 느낌　　　　　㉡ 시중
❸ 도로　　　　　㉢ 다시
❹ 수발　　　　　㉣ 내음

* 밑줄 친 낱말을 비슷한 말로 바꾸기

01. 즉시　　　　　02. 임무
03. 성명　　　　　04. 기호

* 반대말끼리 선 긋기 1

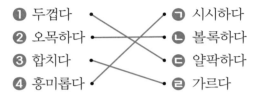

❶ 두껍다　　　　㉠ 시시하다
❷ 오목하다　　　㉡ 볼록하다
❸ 합치다　　　　㉢ 얄팍하다
❹ 흥미롭다　　　㉣ 가르다

* 반대말끼리 선 긋기 2

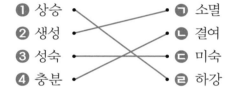

❶ 상승　　　　　㉠ 소멸
❷ 생성　　　　　㉡ 결여
❸ 성숙　　　　　㉢ 미숙
❹ 충분　　　　　㉣ 하강

* 밑줄 친 낱말을 반대말로 바꾸기

01. 후배　　　　　02. 출구
03. 소인　　　　　04. 간신

9-3 표현력 키우는 다양한 낱말 모음

* 낱말 찾아 문장 완성하기 1

01. 다그치면　　　02. 호통치며
03. 촉구하는　　　04. 채찍질해야

* 낱말 찾아 문장 완성하기 2

01. 까딱하면　　　02. 하마터면
03. 물끄러미　　　04. 기왕이면

* 낱말 찾아 문장 완성하기 3

01. 조르고　　　　02. 몰아쳐서
03. 독촉하는　　　04. 가로지르는

* 낱말 찾아 문장 완성하기 4

01. 끊임없이　　　02. 틀림없이
03. 제멋대로　　　04. 걸핏하면

9-4 헷갈리는 맞춤법 완전 정복

* 틀린 낱말을 맞춤법에 맞게 고치기

01. 담그니　　02. 닦고　　03. 더욱이

04. 돗자리　　05. 뒷사람

* 헷갈리는 낱말에서 맞게 고르기

01. 떡볶이　　02. 매달아　　03. 맵다

04. 발자국　　05. 막아

9-5 비슷해 보이지만 서로 다른 낱말

* 무치다와 묻히다

01. 무치다　　　　02. 묻히고

03. 무친　　　　　04. 묻혔다

* 바뀌다와 변하다

01. 변했다　　　　02. 바뀌고

03. 변하고　　　　04. 바뀌니

> **해설**
> 완전히 다른 성질로 변할 때는 '변하다'를 씁니다. 야수와 왕자는 전혀 다른 성질이므로 '변하다'가 맞습니다. 반면, 머리 모양은 본래 성질을 그대로이고 모양만 바뀌는 것이므로 '바뀌다'가 맞습니다.

* 늘이다와 늘리다

01. 늘려　　　　　02. 늘였다가

03. 늘리는　　　　04. 늘였다

> **해설**
> '늘이다'는 주로 길이와 관련된 단어이고, '늘리다'는 부피나 넓이와 관련된 단어입니다. 수나 양, 시간, 힘 등을 키우는 것도 '늘리다'를 씁니다.

* 시키다와 식히다

01. 식혀서　　　　02. 시킨다

03. 시키면　　　　04. 식혀서

9-6 원고지 쓰는 방법 완벽하게 이해하기

* 원고지 쓰기 실전 연습 1

	바다에	사는	해마는	진공청소기처럼
생긴	긴	입으로	아주	작은	동물을	빨
아들입니다.						

* 원고지 쓰기 실전 연습 2

01.

정답은	'포유류'	입니다.	

02.

"어머나,	징그러워!"	

03.

"연우야	밥	먹어라."	

 10단원　　116~127쪽

10-1 알면 쓸모 있는 낱말 익히기

* 낱말 찾아 문장 완성하기 1

01. 아랑곳　　　　02. 터무니

03. 얼떨결　　　　04. 조바심

* 낱말 초성 퀴즈 1

01. 단장　　　　　02. 허수아비

03. 샘물　　　　　04. 전설

* 낱말 찾아 문장 완성하기 2

01. 단번에　　　　02. 안간힘

03. 한시름　　　　04. 해코지

* 낱말 초성 퀴즈 2

01. 보금자리　02. 절벽　　03. 멸종

04. 자국　　05. 웅덩이

10-2 어휘력 키우는 비슷한 말과 반대말

＊ 비슷한 말끼리 선 긋기 1

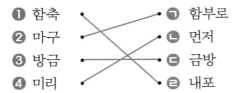

❶ 주변   ㉠ 환송
❷ 마을   ㉡ 영접
❸ 마중   ㉢ 동네
❹ 배웅   ㉣ 언저리

＊ 비슷한 말끼리 선 긋기 2

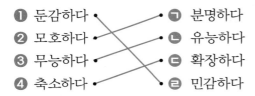

❶ 함축   ㉠ 함부로
❷ 마구   ㉡ 먼저
❸ 방금   ㉢ 금방
❹ 미리   ㉣ 내포

＊ 밑줄 친 낱말을 비슷한 말로 바꾸기

01. 도망   02. 모두
03. 육지   04. 구원

＊ 반대말끼리 선 긋기 1

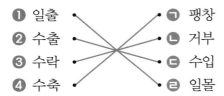

❶ 둔감하다   ㉠ 분명하다
❷ 모호하다   ㉡ 유능하다
❸ 무능하다   ㉢ 확장하다
❹ 축소하다   ㉣ 민감하다

＊ 반대말끼리 선 긋기 2

❶ 일출   ㉠ 팽창
❷ 수출   ㉡ 거부
❸ 수락   ㉢ 수입
❹ 수축   ㉣ 일몰

＊ 밑줄 친 낱말을 반대말로 바꾸기

01. 적군   02. 공격
03. 겸손   04. 부정

10-3 표현력 키우는 다양한 낱말 모음

＊ 낱말 찾아 문장 완성하기 1

01. 흥얼거리며   02. 엉키어
03. 꼼지락거리는   04. 덧붙였다

＊ 낱말 찾아 문장 완성하기 2

01. 나름대로   02. 쏜살같이
03. 멀찌감치   04. 부리나케

＊ 낱말 찾아 문장 완성하기 3

01. 씰룩거리며   02. 쬐었다
03. 드리워져   04. 탐낸다

＊ 낱말 찾아 문장 완성하기 4

01. 왠지   02. 듬뿍
03. 진작   04. 와락

10-4 헷갈리는 맞춤법 완전 정복

＊ 틀린 낱말을 맞춤법에 맞게 고치기

01. 무릎   02. 데굴데굴
03. 봬요   04. 그러고 나서
05. 뚜렷이

＊ 헷갈리는 낱말에서 맞게 고르기

01. 설레어   02. 세차게
03. 가르치고   04. 수수께끼
05. 수탉

10-5 비슷해 보이지만 서로 다른 낱말

＊ 반드시와 반듯이

01. 반듯이   02. 반드시
03. 반듯이   04. 반드시

＊ 햇볕과 햇빛

01. 햇빛   02. 햇볕
03. 햇볕   04. 햇빛

10-6 원고지에 제목, 학교·반·이름, 숫자 쓰기

* 원고지에 제목 직접 써 보기

1	2	3	4	5	6	7	북	극	곰	의		눈	물	6	5	4	3	2	1

* 원고지에 두 글자 제목 쓰기

1	2	3	4	5	6	7	8	사			랑	8	7	6	5	4	3	2	1

* 원고지에 긴 제목 두 줄로 쓰기

		자	신	의		꿈	을		찾	아		떠	나	는			
					사	람	을		위	한		당	부	의		말	

* 원고지에 학교, 학년, 반, 이름 쓰기

				숲	을		지	켜	라
					나	라	초	등	학	교
					3	학	년		2	반
							전	수	경

* 원고지에 숫자와 연도 쓰는 방법

01.

	3	학	년		10	반		32	번					

02.

	2	시	간		30	분		45	초					

03.

	15	00	만		원									

04.

	20	22	년		12	월		25	일					

memo

매일 스스로 공부하는

맞춤법 어휘력

정답 및 해설

BM Book Media Group

성안당은 선진화된 출판 및 영상교육 시스템을 구축하고
항상 연구하는 자세로 독자 앞에 다가갑니다.

매일 스스로 공부하는
맞춤법 어휘력